L'ENFANT DE SABLE

L'Enfant de sable est le sixième roman de Tahar Ben Jelloun ; salué par toute la presse, il a conquis dès sa parution un immense public. *La Nuit sacrée* (prix Goncourt 1987) prolonge et amplifie les thèmes de *L'Enfant de sable*.

L'histoire se passe dans un quartier populaire d'une ville arabe. Un père de famille qui n'a eu « que » sept filles et vit la honte d'être sans héritier mâle, décide que, quoi qu'il arrive, son prochain enfant sera un homme. L'enfant naît. C'est une fille. Mais seules la mère et la vieille sage-femme (proche de la mort) seront dans le secret. Pour le reste, Ahmed – qui vient de naître – est présenté(e), annoncé(e) et élevé(e) comme s'il s'agissait d'un garçon. Le livre raconte – par la bouche d'un conteur qui est en possession du « journal » d'Ahmed – la vie de celui (ou celle) qui incarne la révolte du père contre la fatalité.

Inspiré d'un « fait divers » authentique, le roman d'Ahmed est le récit troublant, ambigu, tendu d'un homme artificiel, en somme, découvrant peu à peu dans le trouble la signification de ce qu'on lui dissimule : son propre sexe.

Écrivain marocain de langue française, Tahar Ben Jelloun est né en 1944. Il a publié de nombreux romans, recueils de poèmes, essais. Il a obtenu le prix Goncourt en 1987 pour La Nuit sacrée.

Tahar Ben Jelloun

L'ENFANT
DE SABLE

ROMAN

Éditions du Seuil

TEXTE INTÉGRAL

ISBN 2-02-023818-7
(ISBN 2-02-008893-2, édition brochée)
(ISBN 2-02-009907-1, 1re publication poche)

© Éditions du Seuil, septembre 1985

1

Homme

Il y avait d'abord ce visage allongé par quelques rides verticales, telles des cicatrices creusées par de lointaines insomnies, un visage mal rasé, travaillé par le temps. La vie — quelle vie ? une étrange apparence faite d'oubli — avait dû le malmener, le contrarier ou même l'offusquer. On pouvait y lire ou deviner une profonde blessure qu'un geste maladroit de la main ou un regard appuyé, un œil scrutateur ou malintentionné suffisaient à rouvrir. Il évitait de s'exposer à la lumière crue et se cachait les yeux avec son bras. La lumière du jour, d'une lampe ou de la pleine lune lui faisait mal : elle le dénudait, pénétrait sous sa peau et y décelait la honte ou des larmes secrètes. Il la sentait passer sur son corps comme une flamme qui brûlerait ses masques, une lame qui lui retirerait lentement le voile de chair qui maintenait entre lui et les autres la distance nécessaire. Que serait-il en effet si cet espace qui le séparait et le protégeait des autres venait à s'annuler ? Il serait projeté nu et sans défenses entre les mains de ceux qui n'avaient cessé de le poursuivre de leur curiosité, de leur méfiance et même d'une haine tenace ; ils s'accommodaient mal du silence et de l'intelligence d'une figure qui les dérangeait par sa seule présence autoritaire et énigmatique.

La lumière le déshabillait. Le bruit le perturbait. Depuis qu'il s'était retiré dans cette chambre haute, voisine de la terrasse, il ne supportait plus le monde extérieur avec lequel il communiquait une fois par jour en ouvrant la porte à Malika, la bonne qui lui apportait la nourriture, le courrier et un bol de fleur d'oranger. Il aimait bien cette vieille femme qui faisait partie de la famille. Discrète et douce, elle ne lui posait jamais de questions mais une complicité devait les rapprocher.

Le bruit. Celui des voix aiguës ou blafardes. Celui des rires vulgaires, des chants lancinants des radios. Celui des seaux d'eau versés dans la cour. Celui des enfants torturant un chat aveugle ou un chien à trois pattes perdu dans ces ruelles où les bêtes et les fous se font piéger. Le bruit des plaintes et lamentations des mendiants. Le bruit strident de l'appel à la prière mal enregistré et qu'un haut-parleur émet cinq fois par jour. Ce n'était plus un appel à la prière mais une incitation à l'émeute. Le bruit de toutes les voix et clameurs montant de la ville et restant suspendues là, juste au-dessus de sa chambre, le temps que le vent les disperse ou en atténue la force.

Il avait développé ces allergies ; son corps, perméable et irrité, les recevait à la moindre secousse, les intégrait et les maintenait vives au point de rendre le sommeil très difficile, sinon impossible. Ses sens ne s'étaient pas détraqués comme on aurait pu le penser. Au contraire, ils étaient devenus particulièrement aigus, actifs et sans répit. Ils s'étaient développés et avaient pris toute la place dans ce corps que la vie avait renversé et le destin soigneusement détourné.

Son odorat recueillait tout. Son nez faisait venir à lui toutes les odeurs, même celles qui n'étaient pas encore là. Il disait qu'il avait le nez d'un aveugle, l'ouïe d'un mort encore tiède et la vue d'un prophète. Mais sa vie ne fut pas celle d'un saint, elle aurait pu le devenir, s'il n'avait eu trop à faire.

Depuis sa retraite dans la pièce d'en haut, personne n'osait lui parler. Il avait besoin d'un long moment, peut-être des mois, pour ramasser ses membres, mettre de l'ordre dans son passé, corriger l'image funeste que son entourage s'était faite de lui ces derniers temps, régler minutieusement sa mort et faire le propre dans le grand cahier où il consignait tout : son journal intime, ses secrets — peut-être un seul et unique secret — et aussi l'ébauche d'un récit dont lui seul avait les clés.

Un brouillard épais et persistant l'avait doucement entouré, le mettant à l'abri des regards suspects et des médisances que ses proches et voisins devaient échanger au seuil des maisons. Cette couche blanche le rassurait, le prédisposait au sommeil et alimentait ses rêves.

Sa retraite n'intriguait pas outre mesure sa famille. Elle s'était habituée à le voir sombrer dans un grand mutisme ou dans des colères brutales et surtout injustifiables. Quelque chose d'indéfinissable s'interposait entre lui et le reste de la famille. Il devait bien avoir des raisons, mais lui seul pouvait les dire. Il avait décidé que son univers était à lui et qu'il était bien supérieur à celui de sa mère et de ses sœurs — en tout cas très différent. Il pensait même qu'elles n'avaient pas d'univers. Elles se contentaient de vivre à la surface des choses, sans grande exigence, suivant son autorité, ses lois et ses volontés. Sans vraiment en parler entre elles, ne supposaient-elles pas que sa retraite avait dû s'imposer à lui parce qu'il n'arrivait plus à maîtriser son corps, ses gestes et la métamorphose que subissait son visage à cause des nombreux tics nerveux qui risquaient de le défigurer ? Depuis quelque temps, sa démarche n'était plus celle d'un homme autoritaire, maître incontesté de la grande maison, un homme qui avait repris la place du père et réglait dans les moindres détails la vie du foyer.

Son dos s'était légèrement courbé, ses épaules étaient tombées en disgrâce ; devenues étroites et molles, elles n'avaient plus la prétention de recevoir une tête aimante ou la main de quelque ami. Il sentait un poids difficile à déterminer peser sur la partie supérieure de son dos, il marchait en essayant de se relever et de se renverser. Il traînait les pieds, ramassant son corps, luttant intérieurement contre la mécanique des tics qui ne lui laissait aucun répit.

La situation s'était brusquement détériorée alors que rien ne laissait prévoir une telle évolution. L'insomnie était une perturbation banale de ses nuits tant elle était fréquente et indomptable. Mais, depuis qu'entre lui et son corps il y avait eu rupture, une espèce de fracture, son visage avait vieilli et sa démarche était devenue celle d'un handicapé. Il ne lui restait plus que le refuge dans une totale solitude. Ce qui lui avait permis de faire le point sur tout ce qui avait précédé et de préparer son départ définitif vers le territoire du silence suprême.

Il savait que sa mort ne viendrait ni d'un arrêt du cœur

ni d'une quelconque hémorragie cérébrale ou intesti-
nale. Seule une profonde tristesse, une espèce de
mélancolie déposée sur lui par une main malhabile
mettrait fin, sans doute dans son sommeil, à une vie qui
fut simplement exceptionnelle et qui ne supporterait
pas de tomber, après tant d'années et d'épreuves, dans
la banalité d'un quotidien ordinaire. Sa mort sera à
hauteur du sublime que fut sa vie, avec cette différence
qu'il aura brûlé ses masques, qu'il sera nu, absolument
nu, sans linceul, à même la terre qui rongera peu à peu
ses membres jusqu'à le rendre à lui-même, dans la
vérité qui fut pour lui un fardeau perpétuel.

Au trentième jour de retraite, il commençait à voir la
mort envahir sa chambre. Il lui arrivait de la palper et
de la tenir à distance comme pour lui signifier qu'elle
était un peu en avance et qu'il lui restait quelques
affaires urgentes à régler. Il la représentait dans ses
nuits sous la forme d'une araignée ramollie qui rôdait,
lasse mais encore vigoureuse. Le fait de l'imaginer ainsi
raidissait son corps. Il pensait ensuite à des mains fortes
— peut-être métalliques — qui viendraient d'en haut et
s'empareraient de l'araignée redoutable ; elles l'ôte-
raient de son espace le temps pour lui de finir ses
travaux. A l'aube, il n'y avait plus d'araignée. Il était
seul, entouré de rares objets, assis, relisant les pages
qu'il avait écrites la nuit. Le sommeil viendrait au cours
de la matinée.

Il avait entendu dire un jour qu'un poète égyptien
justifiait ainsi la tenue d'un journal : « De si loin que
l'on revienne, ce n'est jamais que de soi-même. Un
journal est parfois nécessaire pour dire que l'on a cessé

d'être. » Son dessein était exactement cela : dire ce qu'il avait cessé d'être.

Et qui fut-il ?

La question tomba après un silence d'embarras ou d'attente. Le conteur assis sur la natte, les jambes pliées en tailleur, sortit d'un cartable un grand cahier et le montra à l'assistance.

Le secret est là, dans ces pages, tissé par des syllabes et des images. Il me l'avait confié juste avant de mourir. Il m'avait fait jurer de ne l'ouvrir que quarante jours après sa mort, le temps de mourir entièrement, quarante jours de deuil pour nous et de voyage dans les ténèbres de la terre pour lui. Je l'ai ouvert, la nuit du quarante et unième jour. J'ai été inondé par le parfum du paradis, un parfum tellement fort que j'ai failli suffoquer. J'ai lu la première phrase et je n'ai rien compris. J'ai lu le deuxième paragraphe et je n'ai rien compris. J'ai lu toute la première page et je fus illuminé. Les larmes de l'étonnement coulaient toutes seules sur mes joues. Mes mains étaient moites ; mon sang ne tournait pas normalement. Je sus alors que j'étais en possession du livre rare, le livre du secret, enjambé par une vie brève et intense, écrit par la nuit de la longue épreuve, gardé sous de grosses pierres et protégé par l'ange de la malédiction. Ce livre, mes amis, ne peut circuler ni se donner. Il ne peut être lu par des esprits innocents. La lumière qui en émane éblouit et aveugle les yeux qui s'y posent par mégarde, sans être préparés. Ce livre, je l'ai lu, je l'ai déchiffré pour de tels esprits. Vous ne pouvez y accéder sans traverser mes nuits et mon corps. Je suis ce livre. Je suis devenu le livre du secret ; j'ai payé de ma vie pour le lire. Arrivé au bout, après des mois d'insomnie, j'ai senti le livre s'incarner en moi, car tel est mon destin. Pour vous raconter cette histoire, je n'ouvrirai même pas ce cahier, d'abord parce que j'en ai appris par cœur les étapes, et ensuite par prudence. Bientôt, ô gens de Bien, le jour basculera dans les ténèbres ; je me retrouverai seul avec le livre, et vous, seuls avec l'impatience. Débarrassez-vous de cette fébrilité malsaine qui court dans votre regard. Soyez patients ; creusez avec moi le tunnel de la question et sachez attendre, non pas mes phrases — elles sont creuses — mais le chant qui montera lentement de la mer et viendra vous initier sur le chemin du livre à l'écoute du temps et de ce qu'il brise. Sachez aussi que le livre a sept portes percées dans une muraille large d'au moins deux mètres et haute d'au moins trois hommes svelts et vigoureux. Je vous donnerai au fur et à mesure les clés pour ouvrir ces portes. En vérité les clés, vous les possédez mais vous ne le savez pas ; et, même si vous le saviez, vous ne sauriez pas les tourner et encore moins sous quelle pierre tombale les enterrer.

A présent vous en savez assez. Il vaut mieux nous quitter avant que le ciel ne s'enflamme. Revenez demain si toutefois le livre du secret ne vous abandonne.

Les hommes et les femmes se levèrent en silence et se dispersèrent sans se parler dans la foule de la place. Le conteur plia la peau de mouton, mit ses plumes et

13

encriers dans un petit sac. Quant au cahier, il l'enveloppa soigneusement dans un morceau de tissu en soie noire et le remit dans son cartable. Avant de partir, un gamin lui remit un pain noir et une enveloppe.

Il quitta la place d'un pas lent et disparut à son tour dans les premières lueurs du crépuscule.

2

La porte du jeudi

Amis du Bien, sachez que nous sommes réunis par le secret du verbe dans une rue circulaire, peut-être sur un navire et pour une traversée dont je ne connais pas l'itinéraire. Cette histoire a quelque chose de la nuit ; elle est obscure et pourtant riche en images ; elle devrait déboucher sur une lumière, faible et douce ; lorsque nous arriverons à l'aube, nous serons délivrés, nous aurons vieilli d'une nuit, longue et pesante, un demi-siècle et quelques feuilles blanches éparpillées dans la cour en marbre blanc de notre maison à souvenirs. Certains d'entre vous seront tentés d'habiter cette nouvelle demeure ou du moins d'y occuper une petite place aux dimensions de leur corps. Je sais, la tentation sera grande pour l'oubli : il est une fontaine d'eau pure qu'il ne faut approcher sous aucun prétexte, malgré la soif. Car cette histoire est aussi un désert. Il va falloir marcher pieds nus sur le sable brûlant, marcher et se taire, croire à l'oasis qui se dessine à l'horizon et qui ne cesse d'avancer vers le ciel, marcher et ne pas se retourner pour ne pas être emporté par le vertige. Nos pas inventent le chemin au fur et à mesure que nous avançons ; derrière, ils ne laissent pas de trace, mais le vide, le précipice, le néant. Alors nous regarderons toujours en avant et nous ferons confiance à nos pieds. Ils nous mèneront aussi loin que nos esprits croiront à cette histoire. Vous savez à présent que ni le doute ni l'ironie ne seront du voyage. Une fois arrivés à la septième porte, nous serons peut-être les vrais gens du Bien. Est-ce une aventure ou une épreuve ? Je dirais l'une et l'autre. Que ceux qui partent avec moi lèvent la main droite pour le pacte de la fidélité. Les autres peuvent s'en aller vers d'autres histoires, chez d'autres conteurs. Moi, je ne conte pas des histoires uniquement pour passer le temps. Ce sont les histoires qui viennent à moi, m'habitent et me transforment. J'ai besoin de les sortir de mon corps pour libérer des cases trop chargées et recevoir de nouvelles histoires. J'ai besoin de vous. Je vous associe à mon entreprise. Je vous embarque sur le dos et le navire. Chaque arrêt sera utilisé pour le silence et la réflexion. Pas de prières, mais une foi immense.

Aujourd'hui nous prenons le chemin de la première porte, la porte du jeudi. Pourquoi commençons-nous par cette porte et pourquoi est-elle ainsi nommée ? Le jeudi, cinquième jour de la semaine, jour de l'échange. Certains disent que c'est le jour du marché, le jour où les montagnards et paysans des plaines viennent en ville et s'installent au pied de cette porte pour vendre les récoltes de la semaine. C'est peut-être vrai, mais je dis que c'est une question de coïncidence et de hasard. Mais qu'importe ! Cette porte que vous apercevez au loin est majestueuse. Elle est superbe. Son bois a été sculpté par cinquante-cinq artisans, et vous y verrez plus de cinq cents motifs différents. Donc cette porte lourde et belle occupe dans le livre la place primordiale de l'entrée. L'entrée et l'arrivée. L'entrée et la naissance. La naissance de notre héros un jeudi matin. Il est arrivé avec quelques jours de retard. Sa mère était prête dès le lundi mais elle a réussi à le retenir en elle jusqu'au jeudi, car elle savait que ce jour de la semaine n'accueille que les naissances mâles. Appelons-le Ahmed. Un prénom très répandu. Quoi? Tu dis qu'il faut l'appeler Khémaïss? Non, qu'importe le nom. Bon, je continue : Ahmed est né un jour ensoleillé. Son père prétend que le ciel était couvert ce matin-là, et que ce fut Ahmed qui apporta la lumière dans le ciel. Admettons! Il est arrivé après une longue attente. Le père n'avait pas de chance ; il était persuadé qu'une malédiction lointaine et lourde pesait sur sa vie : sur sept naissances, il eut sept filles. La maison était occupée par dix femmes, les sept filles, la mère, la tante Aïcha et Malika, la vieille domestique. La malédiction prit l'ampleur d'un malheur étalé dans le temps. Le père pensait qu'une fille aurait pu suffire. Sept, c'était trop, c'était même tragique. Que de fois il se remémora l'histoire des Arabes d'avant l'Islam qui enterraient leurs filles vivantes! Comme il ne pouvait s'en débarrasser, il cultivait à leur égard non pas de la haine, mais de l'indifférence. Il vivait à la maison comme s'il n'avait pas de progéniture. Il faisait tout pour les oublier, pour les chasser de sa vue. Par exemple, il ne les nommait jamais. La mère et la tante s'en occupaient. Lui s'isolait et il lui arrivait parfois de pleurer en silence. Il disait que son visage était habité par la honte, que son corps était possédé par une graine maudite et qu'il se considérait comme un époux stérile ou un homme célibataire. Il ne se souvenait pas d'avoir posé sa main sur le visage d'une de ses filles. Entre lui et elles il avait élevé une muraille épaisse. Il était sans recours et sans joie et ne supportait plus les railleries de ses deux frères qui, à chaque naissance, arrivaient à la maison avec, comme cadeaux, l'un un caftan, l'autre des boucles d'oreilles, souriants et moqueurs, comme s'ils avaient encore gagné un pari, comme s'ils étaient les manipulateurs de la malédiction. Ils jubilaient publiquement et faisaient des spéculations à propos de l'héritage. Vous n'êtes pas sans savoir, ô mes amis et complices, que notre religion est impitoyable pour l'homme sans héritier ; elle le dépossède ou presque en faveur des frères. Quant aux filles, elles reçoivent seulement le tiers de l'héritage. Donc les frères attendaient la mort de l'aîné pour se partager une grande partie de sa fortune. Une haine sourde les séparait. Lui, il avait tout essayé pour tourner la loi du destin. Il avait consulté des médecins, des fqihs, des charlatans, des guérisseurs de toutes les régions du pays. Il avait même emmené sa femme séjourner dans un marabout durant sept jours et sept nuits, se nourrissant de pain sec et d'eau. Elle s'était aspergée d'urine de chamelle, puis elle avait jeté les cendres de dix-sept encens dans la mer. Elle avait porté des amulettes et des écritures ayant séjourné à La Mecque. Elle avait avalé des herbes rares importées d'Inde et du Yémen. Elle avait bu un liquide saumâtre et très amer préparé par une vieille sorcière. Elle eut de la fièvre, des nausées insupportables, des maux de tête. Son corps s'usait. Son visage se ridait. Elle maigrissait et perdait souvent conscience. Sa vie était devenue un enfer, et son époux, toujours mécontent, à la fierté froissée, à l'honneur perdu, la bousculait et la rendait responsable du malheur qui s'était abattu sur eux. Il l'avait frappée un jour parce qu'elle avait refusé l'épreuve de la dernière chance : laisser la main du mort passer de haut en bas sur son ventre nu et s'en servir comme une cuiller pour manger du couscous. Elle avait fini par accepter. Inutile de vous dire, ô mes compagnons, que la pauvre femme s'était évanouie et était tombée de tout son poids sur le corps froid du mort. On avait choisi une famille pauvre, des voisins qui venaient de perdre leur grand-père, un vieillard aveugle et édenté. Pour les remercier, l'époux leur avait donné une petite somme d'argent. Elle était prête à tous les sacrifices et nourrissait des espoirs fous à chaque grossesse. Mais à chaque naissance toute la joie retombait brutalement. Elle se mettait elle aussi à se désintéresser de ses filles. Elle leur en voulait d'être là, se détestait et se frappait le ventre pour se punir. Le mari copulait avec elle en des nuits choisies par la sorcière. Mais cela ne servait à rien. Fille sur fille jusqu'à la haine du corps, jusqu'aux ténèbres de la vie. Chacune des naissances fut accueillie, comme vous le devinez, par des cris de colère, des larmes d'impuissance. Chaque baptême fut une cérémonie silencieuse et froide, une façon d'installer le deuil dans cette famille frappée sept fois par le malheur. Au lieu d'égorger un bœuf ou au moins un veau, l'homme achetait une chèvre maigre et faisait verser le sang en direction de La Mecque avec rapidité, balbutiait le nom entre ses lèvres au point que personne ne l'entendait, puis disparaissait pour ne revenir à la maison qu'après quelques jours d'errance. Les sept baptêmes furent tous plus ou moins bâclés. Mais pour le huitième il avait passé des mois à le préparer dans les moindres détails. Il ne croyait plus aux guérisseurs. Les médecins le renvoyaient à ce qui est écrit dans le ciel. Les sorcières l'exploitaient. Les fqihs et les marabouts restaient silencieux. Ce fut à ce moment-là où toutes les portes étaient fermées qu'il prit la décision d'en finir avec la fatalité. Il fit un rêve : tout était à sa place dans la maison ; il était couché et la mort lui rendit visite. Elle avait le visage gracieux d'un adolescent. Elle se pencha sur lui et lui donna un baiser sur le front. L'adolescent était d'une beauté troublante. Son visage changeait, il était tantôt celui de ce jeune homme qui venait d'apparaître, tantôt celui d'une jeune femme légère et évanescente. Il ne savait plus qui l'embrassait, mais avait pour seule certitude que la mort se penchait sur lui malgré le déguisement de la jeunesse et de la vie qu'elle affichait. Le matin il oublia l'idée de la mort et ne retint que l'image de l'adolescent. Il n'en parla à personne et laissa mûrir en lui l'idée qui allait bouleverser sa vie et celle de toute sa famille. Il était heureux d'avoir eu cette idée. Quelle idée ? vous allez me dire. Eh bien, si vous permettez, je vais me retirer pour me reposer ; quant à vous, vous avez jusqu'à demain pour trouver l'idée géniale que cet homme au bord du désespoir et de la faillite a eue quelques semaines avant la naissance de notre héros. Amis et compagnons du Bien, venez demain avec du pain et des dattes. La journée sera longue et nous aurons à passer par des ruelles très étroites.

Comme vous pouvez le constater, notre caravane a avancé un peu sur le chemin de la première porte. Je vois que chacun a apporté ses provisions pour le voyage. Cette nuit, je n'ai pas pu dormir. J'ai été poursuivi et persécuté par des fantômes. Je suis sorti et je n'ai rencontré dans la rue que des ivrognes et des bandits. Ils ont voulu me dépouiller mais ils n'ont rien trouvé. A l'aube je suis rentré chez moi et j'ai dormi jusqu'à midi. C'est pour cela que je suis en retard. Mais je vois dans vos yeux l'inquiétude. Vous ne savez pas où je vous emmène. N'ayez crainte, moi non plus je ne le sais pas. Et cette curiosité non satisfaite que je lis sur vos visages, sera-t-elle apaisée un jour ? Vous avez choisi de m'écouter, alors suivez-moi jusqu'au bout..., le bout de quoi ? Les rues circulaires n'ont pas de bout !

Son idée était simple, difficile à réaliser, à maintenir dans toute sa force : l'enfant à naître sera un mâle même si c'est une fille ! C'était cela sa décision, une détermination inébranlable, une fixation sans recours. Il appela un soir son épouse enceinte, s'enferma avec elle dans une chambre à la terrasse et lui dit sur un ton ferme et solennel : « Notre vie n'a été jusqu'à présent qu'une attente stupide, une contestation verbale de la fatalité. Notre malchance, pour ne pas dire notre malheur, ne dépend pas de nous. Tu es une femme de bien, épouse soumise, obéissante, mais, au bout de ta septième fille, j'ai compris que tu portes en toi une infirmité : ton ventre ne peut concevoir d'enfant mâle ; il est fait de

21

telle sorte qu'il ne donnera — à perpétuité — que des
femelles. Tu n'y peux rien. Ça doit être une malforma-
tion, un manque d'hospitalité qui se manifeste naturellement et à ton insu à chaque fois que la graine que tu
portes en toi risque de donner un garçon. Je ne peux pas
t'en vouloir. Je suis un homme de bien. Je ne te
répudierai pas et je ne prendrai pas une deuxième
femme. Moi aussi je m'acharne sur ce ventre malade. Je
veux être celui qui le guérit, celui qui bouleverse sa
logique et ses habitudes. Je lui ai lancé un défi : il me
donnera un garçon. Mon honneur sera enfin réhabilité ;
ma fierté affichée ; et le rouge inondera mon visage,
celui enfin d'un homme, un père qui pourra mourir en
paix empêchant par là ses rapaces de frères de saccager
sa fortune et de vous laisser dans le manque. J'ai été
patient avec toi. Nous avons fait le tour du pays pour
sortir de l'impasse. Même quand j'étais en colère, je me
retenais pour ne pas être violent. Bien sûr tu peux me
reprocher de ne pas être tendre avec tes filles. Elles sont
à toi. Je leur ai donné mon nom. Je ne peux leur donner
mon affection parce que je ne les ai jamais désirées.
Elles sont toutes arrivées par erreur, à la place de ce
garçon tant attendu. Tu comprends pourquoi j'ai fini par
ne plus les voir ni m'inquiéter de leur sort. Elles ont
grandi avec toi. Savent-elles au moins qu'elles n'ont pas
de père ? Ou que leur père n'est qu'un fantôme blessé,
profondément contrarié ? Leur naissance a été pour moi
un deuil. Alors j'ai décidé que la huitième naissance
serait une fête, la plus grande des cérémonies, une joie
qui durerait sept jours et sept nuits. Tu seras une mère,
une vraie mère, tu seras une princesse, car tu auras

22

accouché d'un garçon. L'enfant que tu mettras au monde sera un mâle, ce sera un homme, il s'appellera Ahmed même si c'est une fille ! J'ai tout arrangé, j'ai tout prévu. On fera venir Lalla Radhia, la vieille sage-femme ; elle en a pour un an ou deux, et puis je lui donnerai l'argent qu'il faut pour qu'elle garde le secret. Je lui ai déjà parlé et elle m'a même dit qu'elle avait eu cette idée. Nous sommes vite tombés d'accord. Toi, bien entendu, tu seras le puits et la tombe de ce secret. Ton bonheur et même ta vie en dépendront. Cet enfant sera accueilli en homme qui va illuminer de sa présence cette maison terne, il sera élevé selon la tradition réservée aux mâles, et bien sûr il gouvernera et vous protégera après ma mort. Nous serons donc trois à partager ce secret, puis nous ne serons que deux, Lalla Radhia est déjà sénile et elle ne tardera pas à nous quitter, puis tu seras la seule, puisque, moi, j'ai vingt ans de plus que toi et que de toute façon je m'en irai avant toi. Ahmed restera seul et régnera sur cette maison de femmes. Nous allons sceller le pacte du secret : donne-moi ta main droite ; que nos doigts se croisent et portons ces deux mains unies à notre bouche, puis à notre front. Puis jurons-nous fidélité jusqu'à la mort ! Faisons à présent nos ablutions. Nous célébrerons une prière et sur le Coran ouvert nous jurerons. »

Ainsi le pacte fut scellé ! La femme ne pouvait qu'acquiescer. Elle obéit à son mari, comme d'habitude, mais se sentit cette fois-ci concernée par une action commune. Elle était enfin dans une complicité avec son époux. Sa vie allait avoir un sens ; elle était embarquée dans le navire de l'énigme qui allait voguer sur des mers lointaines et insoupçonnées.

Et le grand jour, le jour de la naissance vint. La femme gardait un petit espoir : peut-être que le destin allait enfin lui donner une vraie joie, qu'il allait rendre inutiles les intrigues. Hélas ! le destin était fidèle et têtu. Lalla Radhia était à la maison depuis le lundi. Elle préparait avec beaucoup de soins cet accouchement. Elle savait qu'il serait exceptionnel et peut-être le dernier de sa longue carrière. Les filles ne comprenaient pas pourquoi tout le monde s'agitait. Lalla Radhia leur souffla que c'était un mâle qui allait naître. Elle disait que son intuition ne l'avait jamais trahie, ce sont là des choses incontrôlables par la raison ; elle sentait qu'à la manière dont cet enfant bougeait dans le ventre de sa mère, ce ne pouvait être qu'un garçon. Il donnait des coups avec la brutalité qui caractérise le mâle ! Les filles étaient perplexes. Une telle naissance allait tout boule-verser dans cette famille. Elles se regardèrent sans dire un mot. De toute façon leur vie n'avait rien d'excitant. Peut-être qu'un frère saurait les aimer ! Le bruit courait déjà dans le quartier et le reste de la famille : Hadj Ahmed va avoir un garçon...

A présent, mes amis, le temps va aller très vite et nous déposséder. Nous ne sommes plus des spectateurs ; nous sommes nous aussi embarqués dans cette histoire qui risque de nous enterrer tous dans le même cimetière. Car la volonté du ciel, la volonté de Dieu, vont être embrasées par le mensonge. Un ruisseau sera détourné, il grossira et deviendra un fleuve qui ira inonder les demeures paisibles. Nous serons ce cimetière à la bordure du songe où des mains féroces viendront déterrer les morts et les échanger contre une herbe rare qui donne l'oubli. Ô mes amis ! cette lumière soudaine qui nous éblouit est suspecte ; elle annonce les ténèbres.

Levez la main droite et dites après moi : Bienvenue, ô être du lointain, visage de l'erreur, innocence du mensonge, double de l'ombre, ô toi tant attendu, tant désiré, on t'a convoqué pour démentir le destin, tu apportes la joie mais pas le bonheur, tu lèves une tente dans le désert mais c'est la demeure du vent, tu es un capital de cendres, ta vie sera longue, une épreuve pour le feu et la patience. Bienvenue ! ô toi, le jour et le soleil ! Tu haïras le mal, mais qui sait si tu feras le bien... Bienvenue... Bienvenue !

Je vous disais donc...

Toute la famille fut convoquée et réunie dans la maison du Hadj dès le mercredi soir. La tante Aïcha s'activait comme une folle. Les deux frères, avec femmes et enfants, étaient arrivés, inquiets et impatients. Les cousins proches et lointains furent aussi invités. Lalla Radhia s'était enfermée avec l'épouse du Hadj. Personne n'avait le droit de la déranger. Des femmes noires préparaient le dîner dans la cuisine. Vers minuit on entendit des gémissements : ç'étaient les premières douleurs. De vieilles femmes en appelaient au Prophète Mohammed. Le Hadj faisait les cent pas dans la rue. Ses frères tenaient un conseil de guerre. Ils se parlaient à voix basse dans un coin du salon. Les enfants dormaient là où ils avaient mangé. Le silence de la nuit n'était interrompu que par les cris de douleur. Lalla Radhia ne disait rien. Elle chauffait des bassines d'eau et étalait les langes. Tout le monde dormait sauf le Hadj, la sage-femme et les deux frères. A l'aube, on entendit l'appel à la prière. Quelques silhouettes se levèrent, tels des somnambules et prièrent. La femme hurlait à présent. Le jour se leva sur la maison où tout était dans un grand désordre. Les cuisinières noires rangèrent un peu et préparèrent la soupe du petit déjeuner, la soupe de la naissance et du baptême. Les frères durent partir à leur travail. Les enfants se considérèrent en vacances et restèrent jouer à l'entrée de la maison. Vers dix heures du matin, le matin de ce jeudi historique, alors que tout le monde était rassemblé derrière les pièces de l'accouchement, Lalla Radhia entrouvrit la porte et poussa un cri où la joie se mêlait aux you-you, puis répéta jusqu'à s'essouffler : c'est un homme, un homme, un homme... Hadj arriva au milieu de ce rassemblement comme un prince, les enfants lui baisèrent la main. Les femmes l'accueillirent par des you-you stridents, entrecoupés par des éloges et des prières du genre : Que Dieu le garde... Le soleil est arrivé... C'est la fin des ténèbres... Dieu est grand... Dieu est avec toi...

Il pénétra dans la chambre, ferma la porte à clé, et demanda à Lalla Radhia d'ôter les langes du nouveau-né. C'était évidemment une fille. Sa femme s'était voilé le visage pour pleurer. Il tenait le bébé dans son bras gauche et de sa main droite il tira violemment sur le voile et dit à sa femme : « Pourquoi ces larmes ? J'espère que tu pleures de joie ! Regarde, regarde bien, c'est un garçon ! Plus besoin de te cacher le visage. Tu dois être fière... Tu viens après quinze ans de mariage de me donner un enfant, c'est un garçon, c'est mon premier enfant, regarde comme il est beau, touche ses petits testicules, touche son pénis, c'est déjà un homme ! » Puis, se tournant vers la sage-femme, il lui dit de veiller sur le garçon, et qu'elle ne laisse personne s'en approcher ou le toucher. Il sortit de la pièce, arborant un grand sourire… Il portait sur les épaules et sur le visage toute la virilité du monde ! A cinquante ans, il se sentait léger comme un jeune homme. Il avait déjà oublié — ou peut-être faisait-il semblant — qu'il avait tout arrangé. Il avait bien vu une fille, mais croyait fermement que c'était un garçon.

Ô mes compagnons, notre histoire n'est qu'à son début, et déjà le vertige des mots me racle la peau et assèche ma langue. Je n'ai plus de salive et mes os sont fatigués. Nous sommes tous victimes de notre folie enfouie dans les tranchées du désir qu'il ne faut surtout pas nommer. Méfions-nous de convoquer les ombres confuses de l'ange, celui qui porte deux visages et qui habite nos fantaisies. Visage du soleil immobile. Visage de la lune meurtrière. L'ange bascule de l'un à l'autre selon la vie que nous dansons sur un fil invisible.

Ô mes amis, je m'en vais sur ce fil. Si demain vous ne me voyez pas, sachez que l'ange aura basculé du côté du précipice et de la mort.

3

La porte du vendredi

Cela fait quelques jours que nous sommes tissés par les fils en laine d'une même histoire. De moi à vous, de chacun d'entre vous à moi, partent des fils. Ils sont encore fragiles. Ils nous lient cependant comme dans un pacte. Mais laissons derrière nous la première porte qu'une main invisible saura refermer. La porte du vendredi est celle qui rassemble, pour le repos du corps, pour le recueillement de l'âme et pour la célébration du jour. Elle s'ouvre sur une famille en fête, un ciel clément, une terre féconde, un homme à l'honneur recouvré, une femme reconnue enfin comme mère. Cette porte ne laissera passer que le bonheur. C'est sa fonction, ou du moins telle est sa réputation. Chacun de nous a un jour vu cette porte s'ouvrir sur ses nuits et les illuminer même brièvement. Elle n'est percée dans aucune muraille. C'est la seule porte qui se déplace et avance au pas du destin. Et elle ne s'arrête que pour ceux qui n'aiment pas leur destin. Sinon à quoi servirait-elle ? C'est par cette porte qu'est entrée Lalla Radhia.

La fête du baptême fut grandiose. Un bœuf fut égorgé pour donner le nom : Mohamed Ahmed, fils de Hadj Ahmed. On pria derrière le grand fqih et mufti de la

29

ville. Des plats de nourriture furent distribués aux pauvres. La journée, longue et belle, devait rester mémorable. Et effectivement tout le monde s'en souvient aujourd'hui encore. On parle de cette journée en citant la force du bœuf qui, la tête tranchée, s'était mis à courir dans la cour, des vingt tables basses servies avec des moutons entiers, de la musique andalouse jouée par le grand orchestre de Moulay Ahmed Loukili... Les festivités durèrent plusieurs jours. Le bébé était montré de loin. Personne n'avait le droit de le toucher. Seules Lalla Radhia et la mère s'en occupaient. Les sept filles étaient tenues à l'écart. Le père leur dit qu'à partir de maintenant le respect qu'elles lui devraient était identique à celui qu'elles devraient à leur frère Ahmed. Elles baissèrent les yeux et ne dirent mot. On avait rarement vu un homme si heureux vouloir communiquer et partager sa joie. Il acheta une demi-page du grand journal national, y publia sa photo avec en dessous ce texte :

Dieu est clément

Il vient d'illuminer la vie et le foyer de votre serviteur et dévoué potier Hadj Ahmed Souleïmane. Un garçon — que Dieu le protège et lui donne longue vie — est né jeudi à 10 h. Nous l'avons nommé Mohamed Ahmed. Cette naissance annonce fertilité pour la terre, paix et prospérité pour le pays. Vive Ahmed ! Vive le Maroc !

Cette annonce dans le journal fit beaucoup jaser. On n'avait pas l'habitude d'étaler ainsi publiquement sa vie privée. Hadj Ahmed s'en moquait. L'important pour lui était de porter la nouvelle à la connaissance du plus grand nombre. La dernière phrase fit aussi du bruit. La police française n'aimait pas ce « Vive le Maroc ! ». Les militants nationalistes ne savaient pas que cet artisan riche était aussi un bon patriote.

L'aspect politique de l'annonce fut vite oublié, mais toute la ville se souvenait, longtemps après, de la naissance d'Ahmed.

La maison connut, durant toute l'année, la joie, le rire et la fête. Tout était prétexte pour faire venir un orchestre, pour chanter et danser, pour fêter le premier mot balbutié, les premiers pas du prince. La cérémonie du coiffeur dura deux journées. On coupa les cheveux d'Ahmed, on lui maquilla les yeux avec du khôl. On l'installa sur un cheval en bois après lui avoir passé une djellaba blanche et couvert la tête d'un fez rouge. La mère l'emmena ensuite visiter le saint de la ville. Elle le mit sur son dos et tourna sept fois autour du tombeau en priant le saint d'intercéder auprès de Dieu pour qu'Ahmed soit protégé du mauvais œil, de la maladie et de la jalousie des curieux. L'enfant pleurait dans cette foule de femmes qui se bousculaient pour toucher de la main la cape noire couvrant le tombeau.

Et l'enfant grandit dans une euphorie quasi quotidienne. Le père pensait à l'épreuve de la circoncision. Comment procéder ? Comment couper un prépuce imaginaire ? Comment ne pas fêter avec faste le passage à l'âge d'homme de cet enfant ? Ô mes amis, il est des folies que même le diable ignore ! Comment allait-il contourner la difficulté et donner encore plus de force et de crédibilité à son plan ? Bien sûr, il pourrait, me diriez-vous, faire circoncire un enfant à la place de son fils. Mais il y aurait là un risque ; cela se saurait tôt ou tard !

31

Figurez-vous qu'il a présenté au coiffeur-circonciseur son fils, les jambes écartées, et que quelque chose a été effectivement coupé, que le sang a coulé, éclaboussant les cuisses de l'enfant et le visage du coiffeur. L'enfant a même pleuré et il fut comblé de cadeaux apportés par toute la famille. Rares furent ceux qui remarquèrent que le père avait un pansement autour de l'index de la main droite. Il le cachait bien. Et personne ne pensa une seconde que le sang versé était celui du doigt! Il faut dire que Hadj Ahmed était un homme puissant et déterminé.

Et qui dans cette famille se sentait de taille à l'affronter? Pas même ses deux frères. D'ailleurs, quels que fussent leurs soupçons ils ne se risquèrent à aucune plaisanterie douteuse ni sous-entendu quant au sexe de l'enfant. Tout se passait comme le père l'avait prévu et espéré. Ahmed grandissait selon la loi du père qui se chargeait personnellement de son éducation : la fête était finie. Il fallait à présent faire de cet enfant un homme, un vrai. Le coiffeur venait régulièrement tous les mois lui couper les cheveux. Il allait avec d'autres garçons à une école coranique privée, il jouait peu et traînait rarement dans la rue de sa maison. Comme tous les enfants de son âge, il accompagnait sa mère au bain maure.

Vous savez combien ce lieu nous a tous fortement impressionnés quand nous étions gamins. Nous en sommes tous sortis indemnes…, du moins apparemment. Pour Ahmed ce ne fut pas un traumatisme, mais une découverte étrange et amère. Je le sais parce qu'il en parle dans son cahier. Permettez que j'ouvre le livre et que je vous lise ce qu'il a écrit sur ces sorties dans le brouillard tiède :

« Ma mère mit dans un petit panier des oranges, des œufs durs et des olives rouges marinées dans le jus de citron. Elle avait un fichu sur la tête qui retenait le henné étalé dans sa chevelure la veille. Moi, je n'avais pas de henné dans les cheveux. Lorsque je voulus en mettre, elle me l'interdit et me dit : " C'est réservé aux filles ! " Je me tus et la suivis au hammam. Je savais que nous devions y passer tout l'après-midi. J'allais m'ennuyer, mais je ne pouvais rien faire d'autre. En vérité, je préférais aller au bain avec mon père. Il était rapide et il m'évitait tout ce cérémonial interminable. Pour ma mère, c'était l'occasion de sortir, de rencontrer d'autres femmes et de bavarder tout en se lavant. Moi, je mourais d'ennui. J'avais des crampes à l'estomac, j'étouffais dans cette vapeur épaisse et moite qui m'enveloppait. Ma mère m'oubliait. Elle installait ses seaux d'eau chaude et parlait avec ses voisines. Elles parlaient toutes en même temps. Qu'importe ce qu'elles disaient, mais elles parlaient. Elles avaient l'impression d'être dans un salon où il était indispensable pour leur santé de parler. Les mots et phrases fusaient de partout et, comme la pièce était fermée et sombre, ce qu'elles disaient était comme retenu par la vapeur et restait suspendu au-dessus de leurs têtes. Je voyais des mots monter lentement et cogner contre le plafond humide. Là, comme des poignées de nuage, ils fondaient au contact de la pierre et retombaient en gouttelettes sur mon visage. Je m'amusais ainsi ; je me laissais couvrir de mots qui ruisselaient sur mon corps mais passaient toujours par-dessus ma culotte, ce qui fait que mon bas-ventre était épargné par ces paroles changées en eau. J'entendais pratiquement tout, et je suivais le chemin que prenaient ces phrases qui, arrivées au niveau supérieur de la vapeur, se mélangeaient et donnaient ensuite un discours étrange et souvent drôle. En tout cas, moi, ça m'amusait. Le plafond était comme un tableau ou une planche d'écriture. Tout ce qui s'y dessinait n'était pas forcément intelligible. Mais, comme il fallait bien passer le temps, je me chargeais de débrouiller tous ces fils et d'en sortir quelque chose de compréhensible. Il y avait des mots qui tombaient souvent et plus vite que d'autres, comme par exemple : la nuit, le dos, les seins, le pouce..., à peine prononcés, je les recevais en pleine figure. Je ne savais d'ailleurs quoi en faire. En tout cas je les mettais de côté, attendant d'être alimenté par d'autres mots et d'autres images. Curieusement, les gouttes d'eau qui tombaient sur moi étaient salées. Je me disais alors que les mots avaient le goût et la saveur de la vie. Et, pour toutes ces femmes, la vie était plutôt réduite. C'était peu de chose : la cuisine, le ménage, l'attente et une fois par semaine le repos dans le hammam. J'étais secrètement content de ne pas faire partie de cet univers si limité. Je jonglais avec les mots et ça donnait parfois des phrases tombées sur la tête, du genre : " la nuit le soleil sur le dos dans un couloir où le pouce de l'homme mon homme dans la porte du ciel le rire… ", puis soudain une phrase sensée : " l'eau est brûlante…, donne-moi un peu de ton eau froide… ". Ces phrases n'avaient pas le temps d'être soulevées vers le haut par la vapeur. Elles étaient dites sur un ton banal et expéditif ; elles ne faisaient pas partie du bavardage. En fait elles m'échappaient et cela ne me gênait pas du tout. Que pouvais-je faire avec des phrases vides, creuses, incapables de s'élever et de me faire rêver. Il y avait des mots rares et qui me fascinaient parce que prononcés à voix basse, comme par exemple " mani ", " qlaoui ", " taboun "… J'ai su plus tard que c'étaient des mots autour du sexe et que les femmes n'avaient pas le droit de les utiliser : " sperme "…, " couilles "…, " vagin "… Ceux-là ne tombaient pas. Ils devaient rester collés sur les pierres du plafond qu'ils imprégnaient de leur teinte sale, blanchâtre ou brune. Il y eut une fois une dispute entre deux femmes à cause d'un seau d'eau ; elles avaient échangé des insultes où ces mots revenaient souvent à voix haute. Là, ils tombèrent comme une pluie et je me faisais un plaisir de les ramasser et de les garder secrètement dans ma culotte ! J'étais gêné et j'avais peur parfois que mon père se chargeât de me laver comme il aimait de temps en temps le faire. Je ne pouvais pas les garder longtemps sur moi car ils me chatouil-laient. Lorsque ma mère me savonnait, elle était étonnée de constater combien j'étais sale. Et moi je ne pouvais pas lui expliquer que le savon qui coulait

emportait toutes les paroles entendues et accumu-
lées le long de cet après-midi. Quand je me
retrouvais propre, je me sentais nu, comme débarrassé de frusques qui me tenaient chaud. Après
j'avais tout le temps pour me promener comme un
diable entre les cuisses de toutes les femmes. J'avais
peur de glisser et de tomber. Je m'accrochais à ces
cuisses étalées et j'entrevoyais tous ces bas-ventres
charnus et poilus. Ce n'était pas beau. C'était même
dégoûtant. Le soir je m'endormais vite car je savais
que j'allais recevoir la visite de ces silhouettes que
j'attendais, muni d'un fouet, n'admettant pas de les
voir si épaisses et si grasses. Je les battais car je
savais que je ne serais jamais comme elles ; je ne
pouvais pas être comme elles... C'était pour moi
une dégénérescence inadmissible. Je me cachais le
soir pour regarder dans un petit miroir de poche
mon bas-ventre : il n'y avait rien de décadent ; une
peau blanche et limpide, douce au toucher, sans
plis, sans rides. A l'époque ma mère m'examinait
souvent. Elle non plus n'y trouvait rien ! En
revanche elle s'inquiétait pour ma poitrine qu'elle
pansait avec du lin blanc ; elle serrait très fort les
bandes de tissu fin au risque de ne plus pouvoir
respirer. Il fallait absolument empêcher l'apparition
des seins. Je ne disais rien, je laissais faire. Ce
destin-là avait l'avantage d'être original et plein de
risques. Je l'aimais bien. De temps à autre des
signes extérieurs venaient me confirmer dans cette
voie. Ainsi le jour où la caissière du hammam me
refusa l'entrée, parce qu'elle considérait que je

n'étais plus un petit garçon innocent mais déjà un petit homme, capable de perturber par ma seule présence au bain la vertu tranquille et les désirs cachés de femmes honnêtes ! Ma mère protesta pour la forme, mais elle était au fond heureuse. Elle en parla fièrement le soir à mon père qui décida de me prendre avec lui dorénavant au hammam. Je me réjouissais dans mon coin et attendais avec une énorme curiosité cette intrusion dans le brouillard masculin. Les hommes parlaient peu ; ils se laissaient envelopper par la vapeur et se lavaient assez rapidement. C'était une ambiance de travail. Ils expédiaient leurs ablutions en vitesse, se retiraient dans un coin sombre pour se raser le sexe, puis s'en allaient. Moi je traînais et je déchiffrais les pierres humides. Il n'y avait rien dessus. Le silence était interrompu par le bruit des seaux qui tombaient ou les exclamations de certains qui éprouvaient un plaisir à se faire masser. Point de fantaisie ! Ils étaient plutôt ténébreux, pressés d'en finir. J'appris plus tard qu'il se passait bien des choses dans ces coins sombres, que les masseurs ne faisaient pas que masser, que des rencontres et retrouvailles avaient lieu dans cette obscurité, et que tant de silence était suspect ! J'accompagnais mon père à son atelier. Il m'expliquait la marche des affaires, me présentait à ses employés et ses clients. Il leur disait que j'étais l'avenir. Je parlais peu. La bande de tissu autour de la poitrine me serrait toujours. J'allais à la mosquée. J'aimais bien me retrouver dans cette immense maison où seuls les hommes étaient admis. Je priais tout le temps, me trompant souvent. Je m'amusais. La lecture collective du Coran me donnait le vertige. Je faussais compagnie à la collectivité et psalmodiais n'importe quoi. Je trouvais un grand plaisir à déjouer cette ferveur. Je maltraitais le texte sacré. Mon père ne faisait pas attention. L'important, pour lui, c'était ma présence parmi tous ces hommes. Ce fut là que j'appris à être un rêveur. Cette fois-ci je regardais les plafonds sculptés. Les phrases y étaient calligraphiées. Elles ne me tombaient pas sur la figure. C'était moi qui montais les rejoindre. J'escaladais la colonne, aidé par le chant coranique. Les versets me propulsaient assez rapidement vers le haut. Je m'installais dans le lustre et observais le mouvement des lettres arabes gravées dans le plâtre puis dans le bois. Je partais ensuite sur le dos d'une belle prière :

« إن ينصركم الله فلا غالب لكم »

" Si Dieu vous donne la victoire,
personne ne peut vous vaincre. "

» Je m'accrochais au Alif et me laissais tirer par le Noun qui me déposait dans les bras du Ba. J'étais ainsi pris par toutes les lettres qui me faisaient faire le tour du plafond et me ramenaient en douceur à mon point de départ en haut de la colonne. Là je glissais et descendais comme un papillon. Je ne dérangeais jamais les têtes qui se dandinaient en lisant le Coran. Je me faisais petit et me collais à mon père que le rythme lancinant de la lecture endormait lentement. On sortait de la mosquée en se bousculant. Les hommes aimaient se coller les uns aux autres. Au plus fort de passer. Moi, je me faufilais, je me défendais. Mon père me disait qu'il faut toujours se défendre. Sur le chemin on achetait du lait caillé préparé dans un tissu blanc perméable. On passait ensuite au four prendre le pain. Mon père me devançait. Il aimait me voir me débrouiller tout seul. Un jour je fus attaqué par des voyous qui me volèrent la planche à pain. Je ne pus me battre. Ils étaient trois. Je rentrai à la maison en pleurant. Mon père me donna une gifle dont je me souviens encore et me dit : " Tu n'es pas une fille pour pleurer ! Un homme ne pleure pas ! " Il avait raison, les larmes, c'est très féminin ! Je séchai les miennes et sortis à la recherche des voyous pour me battre. Mon père me rattrapa dans la rue et me dit que c'était trop tard !... »

Je referme ici le livre. Nous quittons l'enfance et nous nous éloignons de la porte du vendredi. Je ne la vois plus. Je vois le soleil qui s'incline et vos visages qui se relèvent. Le jour nous quitte. La nuit va nous éparpiller. Je ne sais si c'est une profonde tristesse — un abîme creusé en moi par les mots et les regards — ou une étrange ironie où se mêlent l'herbe du souvenir et le visage de l'absent, qui brûle ma peau en ce moment. Les mots du livre ont l'air anodin et, moi qui le lis, je suis remué comme si on me dépossédait de moi-même. Ô hommes du crépuscule ! Je sens que ma pensée se cherche et divague. Séparons-nous à l'instant et ayez la patience du pèlerin !

4

La porte du samedi

Amis, nous devons aujourd'hui nous déplacer. Nous allons vers la troisième étape, septième jour de la semaine, une place carrée, marché des céréales où paysans et animaux dorment ensemble, place de l'échange entre la ville et la campagne, entourée de murs bas et irriguée par une source naturelle. Je ne sais ce qu'elle nous réserve. La porte donne sur des sacs de blé. Notre personnage n'y a jamais mis les pieds et moi j'y ai vendu un âne autrefois. La porte est une percée dans le mur, une espèce de ruine qui ne mène nulle part. Mais nous lui devons une visite, un peu par superstition, un peu par esprit de rigueur. En principe cette porte correspond à l'étape de l'adolescence. Or, c'est une période bien obscure. Nous avons perdu de vue les pas de notre personnage. Pris en main par le père, il a dû passer des épreuves difficiles. Moment trouble où le corps est perplexe ; en proie au doute, il hésite et marche en tâtonnant. C'est une période que nous devons imaginer, et, si vous êtes prêts à me suivre, je vous demanderai de m'aider à reconstituer cette étape dans notre histoire. Dans le livre, c'est un espace blanc, des pages nues laissées ainsi en suspens, offertes à la liberté du lecteur. A vous !

— Je pense que c'est le moment où Ahmed prend conscience de ce qui lui arrive et qu'il traverse une crise profonde. Je l'imagine tiraillé entre l'évolution de son corps et la volonté de son père d'en faire absolument un homme...

— Moi, je ne crois pas à cette histoire de crise. Je pense qu'Ahmed a été fabriqué et qu'il évolue selon la stratégie du père. Il ne doute pas. Il veut gagner le pari et relever le défi. C'est un enfant rêveur et intelligent. Il a vite compris que cette société préfère les hommes aux femmes.

— Non ! Ce qui s'est passé est simple. Moi, je le sais. Je suis le plus âgé de cette assistance, peut-être même plus que notre vénéré maître et conteur, que je salue respectueusement. Cette histoire, je la connais. Je n'ai pas besoin de deviner ou de donner des explications... Ahmed ne quittait jamais son père. Son éducation s'est faite en dehors de la maison et loin des femmes. A l'école, il a appris à se battre ; et il s'est battu souvent. Son père l'encourageait et tâtait ses muscles qu'il trouvait mous. Ensuite il a maltraité ses sœurs qui le craignaient. Normal ! On le préparait à la succession. Il est devenu un homme. En tout cas on lui a appris à se comporter en homme, aussi bien à la maison qu'au-dehors.

— Cela ne nous avance pas, cher doyen ! Je te dis cela parce que notre histoire piétine. Sommes-nous capables de l'inventer ? Pourrions-nous nous passer du livre ?

— Moi, si vous permettez, je vais vous dire la vérité : c'est une histoire de fou ! Si Ahmed a vraiment existé, il doit être dans un asile d'aliénés… Puisque tu dis avoir la preuve dans ce livre que tu caches, pourquoi ne pas nous le donner… Nous verrons bien si cette histoire correspond à la vérité ou si tu as tout inventé pour te jouer de notre temps et de notre patience !…

C'est le vent de la rébellion qui souffle ! Vous êtes libres de croire ou de ne pas croire à cette histoire. Mais, en vous associant à ce récit, je voulais juste évaluer votre intérêt… La suite, je vais la lire… Elle est impressionnante. J'ouvre le livre, je tourne les pages blanches… Ecoutez !

« Il est une vérité qui ne peut être dite, pas même suggérée, mais vécue dans la solitude absolue, entourée d'un secret naturel qui se maintient sans effort et qui en est l'écorce et le parfum intérieur, une odeur d'étable abandonnée, ou bien l'odeur d'une blessure non cicatrisée qui se dégage parfois en des instants de lassitude où l'on se laisse gagner par la négligence, quand ce n'est pas le début de la pourriture, une dégénérescence physique avec cependant le corps dans son image intacte, car la souffrance vient d'un fond qui ne peut non plus être révélé ; on ne sait pas s'il est en soi ou ailleurs, dans un cimetière, dans une tombe à peine creusée, à peine habitée par une chair flétrie, par l'œil funeste d'une œuvre singulière simplement désintégrée au contact de l'intimité engluée de cette vérité telle une abeille dans un bocal de miel, prisonnière de ses illusions, condamnée à mourir, étranglée, étouffée par la vie. Cette vérité, banale, somme toute, défait le temps et le visage, me tend un miroir où je ne peux me regarder sans être troublé par une profonde tristesse, pas de ces mélancolies de jeunesse qui bercent notre orgueil et nous couchent dans la nostalgie, mais une tristesse qui désarticule l'être, le détache du sol et le jette comme élément négligeable dans un monticule d'immondices ou un placard municipal d'objets trouvés que personne n'est jamais venu réclamer, ou bien encore dans le grenier d'une maison hantée, territoire des rats. Le miroir est devenu le chemin par lequel mon corps aboutit à cet état, où il s'écrase dans la terre, creuse une tombe provisoire et se laisse attirer par les racines vives qui grouillent sous les pierres, il s'aplatit sous le poids de cette énorme tristesse dont peu de gens ont le privilège non pas de connaître, mais simplement de deviner les formes, le poids et les ténèbres. Alors, j'évite les miroirs. Je n'ai pas toujours le courage de me trahir, c'est-à-dire de descendre les marches que mon destin a tracées et qui me mènent au fond de moi-même dans l'inti-mité — insoutenable — de la vérité qui ne peut être dite. Là, seuls les vermisseaux ondulants me tien-nent compagnie. Je suis souvent tenté d'organiser mon petit cimetière intérieur de sorte que les ombres couchées se relèvent pour faire une ronde autour d'un sexe érigé, une verge qui serait mienne mais que je ne pourrais jamais porter ni exhiber. Je suis moi-même l'ombre et la lumière qui la fait naître, le maître de maison — une ruine dissimulant une fosse commune — et l'invité, la main posée sur la terre humide et la pierre enterrée sous une touffe d'herbe, le regard qui se cherche et le miroir, je suis et ne suis pas cette voix qui s'accommode et prend le pli de mon corps, mon visage enroulé dans le voile de cette voix, est-elle de moi ou est-ce celle du père qui l'aurait insufflée, ou simplement déposée pendant que je dormais en me faisant du bouche à bouche ? Tantôt je la reconnais, tantôt je la répudie, je sais qu'elle est mon masque le plus fin, le mieux élaboré, mon image la plus crédible ; elle me trouble et m'exaspère ; elle raidit le corps, l'enveloppe d'un duvet qui devient tôt des poils. Elle a réussi à éliminer la douceur de ma peau, et mon visage est celui de cette voix. Je suis le dernier à avoir droit au doute. Non, cela ne m'est pas permis. La voix, grave, granulée, travaille, m'intimide, me secoue et me jette dans la foule pour que je la mérite, pour que je la porte avec certitude, avec naturel, sans fierté excessive, sans colère ni folie, je dois en maîtriser le rythme, le timbre et le chant, et la garder dans la chaleur de mes viscères.

» La vérité s'exile ; il suffit que je parle pour que la vérité s'éloigne, pour qu'on l'oublie, et j'en deviens le fossoyeur et le déterreur, le maître et l'esclave. La voix est ainsi : elle ne me trahit pas... et, même si je voulais la révéler dans sa nudité, la trahir en quelque sorte, je ne pourrais pas, je ne saurais pas et peut-être même que j'en mourrais. Ses exigences, je les connais : éviter la colère, les cris, l'extrême douceur, le murmure bas, bref l'irrégula-

rité. Je suis régulier. Et je me tais pour piétiner
cette image qui m'insupporte. Ô mon Dieu, que
cette vérité me pèse ! dure exigence ! dure la
rigueur. Je suis l'architecte et la demeure ; l'arbre et
la sève ; moi et un autre ; moi et une autre. Aucun
détail ne devrait venir, ni de l'extérieur ni du fond
de la fosse, perturber cette rigueur. Pas même le
sang. Et le sang un matin a taché mes draps.
Empreintes d'un état de fait de mon corps enroulé
dans un linge blanc, pour ébranler la petite certitude, ou pour démentir l'architecture de l'apparence. Sur mes cuisses un mince filet de sang, une
ligne irrégulière d'un rouge pâle. Ce n'était peut-
être pas du sang, mais une veine enflée, une varice
coloriée par la nuit, une vision juste avant la
lumière du matin ; pourtant le drap était tiède
comme s'il enveloppait un corps tremblant, à peine
retiré de la terre humide. C'était bien du sang ;
résistance du corps au nom ; éclaboussure d'une
circoncision tardive. C'était un rappel, une grimace
d'un souvenir enfoui, le souvenir d'une vie que je
n'avais pas connue et qui aurait pu être la mienne.
Etrange d'être ainsi porteur d'une mémoire non
accumulée dans un temps vécu, mais donnée à
l'insu des uns et des autres. Je me balançais dans un
jardin, une terrasse en haut d'une montagne et je ne
savais pas de quel côté je risquais de tomber. Je me
balançais dans un drap rouge où le sang s'était
fondu dans la teinte de ce voile. Je sentais le besoin
de me guérir de moi-même, de me décharger de
cette solitude lourde telle une muraille recueillant

46

les plaintes et les cris d'une horde abandonnée, une mosquée dans le désert, où les gens du crépuscule viennent déposer leur tristesse et offrir un peu de leur sang. Une petite voix fend la muraille et me dit que le songe paralyse les étoiles du matin. Je regarde le ciel et n'y vois qu'un trait blanc tracé par une main parfaite. Sur ce chemin, je devrais déposer quelques pierres, jalons et repères de ma solitude, avancer les bras tendus comme pour écarter le rideau de la nuit qui tomberait soudainement de ce ciel, ou le ciel qui chuterait en un morceau compact de cette nuit que je porte comme un visage, une tête que je ne pourrais même pas étrangler. Ce mince filet de sang ne pouvait être qu'une blessure. Ma main essayait d'arrêter l'écoulement. Je regardais mes doigts écartés, liés par une bulle de ce sang devenu presque blanc. A travers je voyais le jardin, les arbres immobiles, et le ciel entrecoupé par des branches très hautes. Mon cœur battait plus vite que d'habitude. Etait-ce l'émotion, la peur ou la honte ? Je m'y attendais pourtant. J'avais plusieurs fois observé ma mère et certaines de mes sœurs mettre ou retirer des morceaux de tissu blanc entre les jambes. Ma mère découpait les draps usés en morceaux et les stockait dans un coin de l'armoire. Mes sœurs s'en servaient en silence. Je remarquais tout et j'attendais le jour où moi aussi j'ouvrirais cette armoire clandestinement et où je mettrais deux ou trois couches de tissu entre mes jambes. Je serais voleur. Je surveillerais la nuit l'écoulement. J'examinerais ensuite les taches de sang sur le tissu. C'était cela la blessure. Une sorte de fatalité, une trahison de l'ordre. Ma poitrine était toujours empêchée de poindre. J'imaginais des seins qui pousseraient à l'intérieur, rendant ma respiration difficile. Cependant, je n'eus pas de seins... C'était un problème en moins. Après l'avènement du sang, je fus ramené à moi-même et je repris les lignes de la main telles que le destin les avait dessinées. »

La porte du samedi se ferme sur un grand silence. Avec soulagement Ahmed sortit par cette porte. Il comprit que sa vie tenait à présent au maintien de l'apparence. Il n'est plus une volonté du père. Il va devenir sa propre volonté.

5

Bab El Had

C'est une porte minuscule ; il faut se baisser pour passer. Elle est à l'entrée de la médina et communique avec celle située à l'autre extrémité, qui est utilisée pour sortir. En fait ce sont de fausses entrées. Tout dépend d'où on vient ; c'est commode de savoir que dans toute histoire il existe des portes d'entrée ou de sortie. Justement Ahmed fera souvent des va-et-vient entre les deux portes. Il a vingt ans. C'est un jeune homme cultivé et son père pense avec inquiétude à son avenir. Je suppose que tout le monde attendait notre histoire à ce tournant. Les choses se sont passées de la manière suivante :

Un jour Ahmed alla voir son père dans son atelier et lui dit :

— Père, comment trouves-tu ma voix ?

— Elle est bien, ni trop grave ni trop aiguë.

— Bien, répondit Ahmed. Et ma peau, comment tu la trouves ?

— Ta peau ? Rien de spécial.

— As-tu remarqué que je ne me rase pas tous les jours ?

— Oui, pourquoi ?

49

— Que penses-tu de mes muscles ?

— Quels muscles ?

— Ceux par exemple de la poitrine...

— Mais je ne sais pas.

— As-tu remarqué que c'est dur ici, au niveau des seins ?... Père, je vais me laisser pousser la moustache.

— Si cela te fait plaisir !

— Dorénavant, je m'habillerai en costume, cravate...

— Comme tu veux, Ahmed.

— Père ! Je voudrais me marier...

— Quoi ? Tu es trop jeune encore...

— Ne t'es-tu pas marié jeune ?

— Oui, c'était un autre temps...

— Et mon temps, c'est quoi ?

— Je ne sais pas. Tu m'embarrasses.

— N'est-ce pas le temps du mensonge, de la mystification ? Suis-je un être ou une image, un corps ou une autorité, une pierre dans un jardin fané ou un arbre rigide ? Dis-moi, qui suis-je ?

— Mais pourquoi toutes ces questions ?

— Je te les pose pour que toi et moi nous regardions les choses en face. Ni toi ni moi ne sommes dupes. Ma condition, non seulement je l'accepte et je la vis, mais je l'aime. Elle m'intéresse. Elle me permet d'avoir les privilèges que je n'aurais jamais pu connaître. Elle m'ouvre des portes et j'aime cela, même si elle m'enferme ensuite dans une cage de vitres. Il m'arrive d'étouffer dans mon sommeil. Je me noie dans ma propre salive. Je me cramponne à la terre mobile. J'approche ainsi du néant. Mais, quand je me réveille, je suis malgré tout heureux d'être ce que je suis. J'ai lu tous

les livres d'anatomie, de biologie, de psychologie et
même d'astrologie. J'ai beaucoup lu et j'ai opté pour le
bonheur. La souffrance, le malheur de la solitude, je
m'en débarrasse dans un grand cahier. En optant pour la
vie, j'ai accepté l'aventure. Et je voudrais aller jusqu'au
bout de cette histoire. Je suis homme. Je m'appelle
Ahmed selon la tradition de notre Prophète. Et je
demande une épouse. Nous ferons une grande fête
discrète pour les fiançailles. Père, tu m'as fait homme, je
dois le rester. Et, comme dit notre Prophète bien-aimé,
« un musulman complet est un homme marié ».

Le père était dans un grand désarroi. Il ne savait quoi
répondre à son fils ni à qui demander conseil. Après tout
Ahmed poussait la logique jusqu'au bout. Il n'avait pas
tout dit à son père, car il avait un plan. Un grand silence
chargé de malaise. Ahmed était devenu autoritaire. A la
maison il se faisait servir par ses sœurs ses déjeuners et
ses dîners. Il se cloîtrait dans la chambre du haut. Il
s'interdisait toute tendresse avec sa mère qui le voyait
rarement. A l'atelier il avait déjà commencé à prendre
les affaires en main. Efficace, moderne, cynique, il était
un excellent négociateur. Son père était dépassé. Il
laissait faire. Il n'avait pas d'amis. Secret et redoutable,
il était craint. Il trônait dans sa chambre, se couchait tard
et se levait tôt. Il lisait effectivement beaucoup et
écrivait la nuit. Il lui arrivait de rester enfermé dans la
chambre quatre à cinq jours. Seule la mère osait frapper
à sa porte. Il toussait pour ne pas avoir à parler et pour
signifier qu'il était toujours vivant.

Un jour, il convoqua sa mère et lui dit sur un ton
ferme :

— J'ai choisi celle qui sera ma femme.

La mère avait été prévenue par le père. Elle ne dit rien. Elle ne marqua même pas l'étonnement. Plus rien ne pouvait la choquer de sa part. Elle se disait que la folie lui arrivait au cerveau. Elle n'osa pas penser qu'il était devenu un monstre. Son comportement depuis une année l'avait transformé et rendu méconnaissable. Il était devenu destructeur et violent, en tout cas étrange. Elle leva les yeux sur lui et dit :

— C'est qui ?

— Fatima...

— Fatima qui ?...

— Fatima, ma cousine, la fille de mon oncle, le frère cadet de mon père, celui qui se réjouissait à la naissance de chacune de tes filles...

— Mais tu ne peux pas. Fatima est malade... Elle est épileptique, puis elle boite...

— Justement !

— Tu es un monstre...

— Je suis ton fils, ni plus ni moins.

— Mais tu vas faire le malheur !

— Je ne fais que vous obéir ; toi et mon père, vous m'avez tracé un chemin ; je l'ai pris, je l'ai suivi et, par curiosité, je suis allé un peu plus loin et tu sais ce que j'ai découvert ? Tu sais ce qu'il y avait au bout de ce chemin ? Un précipice. La route s'arrête net en haut d'un grand rocher qui surplombe un immense terrain où on jette les immondices, irriguées par les égouts de la ville qui, comme par hasard, débouchent là et raniment la pourriture ; les odeurs se marient et cela donne, pas la nausée, mais l'ivresse du Mal. Oh ! rassure-toi, je n'ai pas été sur les lieux... Je les imagine, je les sens et je les vois !

— Moi, je n'ai rien décidé.

— C'est vrai ! Dans cette famille, les femmes s'enroulent dans un linceul de silence..., elles obéissent..., mes sœurs obéissent ; toi, tu te tais et moi j'ordonne ! Quelle ironie ! Comment as-tu fait pour n'insuffler aucune graine de violence à tes filles ? Elles sont là, vont et viennent, rasant les murs, attendant le mari providentiel..., quelle misère ! As-tu vu mon corps ? il a grandi ; il a réintégré sa propre demeure..., je me suis débarrassé de l'autre écorce ; elle était fragile et transparente. J'ai plâtré la peau. Le corps a grandi et je ne dors plus dans le corps d'un autre. Je me couche à la lisière de votre linceul. Tu ne dis rien. Tu as raison. Je vais te parler d'autre chose. Certains versets du Coran qu'on m'avait fait apprendre par cœur me reviennent depuis quelque temps, comme cela, sans raison. Ils traversent ma tête, s'arrêtent une seconde, puis s'évanouissent.

> « Voici ce dont Allah vous fait commandement
> au sujet de vos enfants : au mâle,
> portion semblable à celle de deux filles *... »

Oh ! et puis non, je ne veux pas les retenir ; je les laisse au vent... Alors je compte me marier et fonder un foyer, comme on dit, un foyer de braise, ma maison sera une cage de verre, pas grand-chose, juste une chambre pleine de miroirs qui se renverront la lumière et les images... Je vais d'abord me fiancer. Ne brûlons pas les étapes. A présent, je vais écrire, peut-être des poèmes

* Sourate des femmes, IV, 11-12.

d'amour pour la femme sacrifiée. Ce sera elle ou moi. A vous de choisir.

Ô mes compagnons ! Notre personnage nous échappe. Dans mon esprit, il ne devait pas devenir méchant. Moi j'ai l'impression qu'il est en train de nous fausser compagnie. Ce revirement brutal, cette violence soudaine m'inquiètent et je ne sais où cela va nous mener. Je dois avouer aussi que cela m'excite assez ! Il est damné, habité par la malédiction, transformé par les sorciers. Sa méchanceté le dépasse. Croyez-vous, ô vous qui m'écoutez, qu'il est homme sans scrupules, qu'il est un monstre ? Un monstre qui écrit des poèmes ! Je doute et je ne me sens pas bien avec ce nouveau visage. Je reviens au livre. L'encre est pâle. Des gouttes d'eau — peut-être des larmes — ont rendu cette page illisible. J'ai du mal à la déchiffrer :

« Dans les bras endoloris de mon corps, je me tiens, je descends au plus profond comme pour m'évader. Je me laisse glisser dans une ride et j'aime l'odeur de cette vallée. Je sursaute au cri de la jument envoyée par l'absent. Elle est blanche et je me cache les yeux. Mon corps lentement s'ouvre à mon désir. Je le prends par la main. Il résiste. La jument cavale. Je m'endors, enlacé par mes bras.

» Est-ce la mer qui murmure ainsi à l'oreille d'un cheval mort ? Est-ce un cheval ou une sirène ?

» Quel rite du naufrage happé par la chevelure de la mer ? Je suis enfermé dans une image et les vagues hautes me poursuivent. Je tombe. Je m'éva-

nouis. Est-ce possible de s'évanouir dans le sommeil, de perdre conscience et de ne plus reconnaître
de la main les objets familiers ? J'ai construit ma
maison avec des images tournantes. Je ne joue pas.
J'essaie de ne pas mourir. J'ai au moins toute la vie
pour répondre à une question : Qui suis-je ? Et qui
est l'autre ? Une bourrasque du matin ? Un paysage
immobile ? Une feuille tremblante ? Une fumée
blanche au-dessus d'une montagne ? Une giclée
d'eau pure ? Un marécage visité par les hommes
désespérés ? Une fenêtre sur un précipice ? Un
jardin de l'autre côté de la nuit ? Une vieille pièce
de monnaie ? Une chemise recouvrant un homme
mort ? Un peu de sang sur des lèvres entrouvertes ?
Un masque mal posé ? Une perruque blonde sur
une chevelure grise ? J'écris tous ces mots et
j'entends le vent, non pas dehors mais dans ma
tête ; il souffle fort et claque les persiennes par
lesquelles j'entre dans le rêve. Je vois qu'une porte
est penchée. Va-t-elle tomber là où j'ai l'habitude
de poser ma tête pour accueillir d'autres vies, pour
caresser d'autres visages, des visages sombres ou
gais, mais je les aime puisque c'est moi qui les
invente. Je les fais très différents du mien, dif-
formes ou sublimes, ravis à la lumière du jour et
plantés sur les branches de l'arbre comme les
conquêtes de la sorcière. Parfois l'hiver de ces
visages m'assassine. Je les abandonne... Je m'en
vais chercher ailleurs. Je prends des mains. Je les
choisis grandes et fines. Je les serre, je les baise, je
les suce. Et je m'enivre. Les mains me résistent

moins. Elles ne savent pas faire des grimaces. Les visages se vengent de ma liberté en grimaçant tout le temps. C'est pour cela que je les écarte. Pas violemment. Mais je les mets de côté ; je les entasse. Ils s'écrasent. Ils souffrent. Certains arrivent à crier. Des cris de hibou. Des miaulements. Des grincements de dents. Visages indifférents. Ni homme ni femme. Mais des figures de beauté absolue. Les mains me trahissent aussi, surtout quand j'essaie de les marier aux visages. Le principal c'est d'éviter le naufrage. Le rite du naufrage m'obsède. Je risque de tout perdre et je n'ai pas envie de me retrouver dehors avec les autres. Ma nudité est mon privilège sublime. Je suis le seul à la contempler. Je suis le seul à la maudire. Je danse. Je tournoie. Je tape des mains. Je frappe le sol avec mes pieds. Je me penche vers la trappe où je cache mes créatures. J'ai peur de tomber et de me confondre avec un de ces visages sans sourire. Je tournoie et m'emporte dans le vertige. La sueur perle sur mon front. Mon corps danse en scandant un rythme africain... Je l'entends. Je vois la brousse et me mêle aux hommes nus. J'oublie de me demander qui je suis. J'aspire au silence du cœur. Je suis traqué et je donne ma bouche à une flamme dans la forêt. Je ne suis pas en Afrique mais dans un cimetière marin où j'ai froid. Les tombes se sont toutes vidées. Abandonnées. Le vent qui siffle en est prisonnier. Un cheval, peint des couleurs bleues de la nuit, cavale dans ce cimetière. Ce sont mes yeux qui tombent et s'incrustent dans la tête du cheval. Les ténèbres me couvrent. Je me sens en sécurité. Pris par des mains chaudes. Elles me caressent le dos et je les devine. Ce ne sont pas les miennes. Tout me manque et je recule. Est-ce la fatigue ou l'idée du retour à moi-même et à la maison. Je voudrais rire, car je sais que, condamné à l'isolement, je ne pourrai pas vaincre la peur. On dit que c'est cela l'angoisse. J'ai passé des années à l'adapter à ma solitude. Ma réclusion est voulue, choisie, aimée. Je vais en tirer en plus des visages et des mains, des voyages et des poèmes. Je fais de la souffrance un palais où la mort n'aura pas de place. Ce n'est même pas moi qui la repousse. On lui interdit l'entrée, mais la souffrance se suffit à elle-même. Pas besoin de frapper un grand coup. Ce corps est fait de fibres qui accumulent la douleur et intimident la mort. C'est cela ma liberté. L'angoisse se retire et je reste seul à me battre jusqu'à l'aube. Le matin je tombe de fatigue et de joie. Les autres ne comprennent rien. Ils sont indignes de ma folie.

» Telles sont mes nuits : féeriques. J'aime aussi les installer en haut des rochers et attendre que le vent les secoue, les lave, les sépare du sommeil, les dégage des ténèbres, les déshabille et me les ramène enveloppées du seul nuage des songes. Alors tout devient limpide. J'oublie. Je sombre doucement dans le corps ouvert de l'autre.

» Je n'interroge plus personne. Je bois du café et je vis. Ni bien ni mal. Je n'interroge personne car mes questions n'ont pas de réponse. Je le sais parce que je vis des deux côtés du miroir. En vérité, je ne suis pas sérieux. J'aime jouer même si je dois faire mal. Il y a longtemps que je suis au-dessus du mal. A regarder tout cela de loin, du sommet de ma solitude. C'est étrange ! Ma dureté, ma rigueur m'ouvrent des portes. Je n'en demande pas tant ! J'aime le temps que j'encadre. En dehors je suis un peu perdu. Alors je deviens sévère. Je sors plus tôt que prévu de l'enfance gâtée, je bouscule les uns et les autres, je ne réclame pas l'amour mais l'abandon. Ils ne comprennent pas. D'où la nécessité de vivre ma condition dans toute son horreur.

» Aujourd'hui, j'aime penser à celle qui deviendra ma femme. Je ne parle pas encore du désir, je parle de la servitude. Elle viendra, traînant une jambe, le visage crispé, le regard inquiet, bouleversée par ma demande. Je la ferai monter dans ma chambre et lui parlerai de mes nuits. Je lui baiserai la main, lui dirai qu'elle est belle ; je la ferai pleurer et la laisserai s'agiter dans sa crise ; je l'observerai, luttant contre la mort, bavant, implorant ; je lui baiserai le front ; elle se calmera, puis repartira chez elle sans se retourner.

» Je ne suis pas déprimé, je suis exaspéré. Je ne suis pas triste. Je suis désespéré. Ma nuit ne m'a rien donné. Elle est passée, inaperçue. Calme, vide, noire. »

Amis, je vous avais dit que cette porte était étroite. Je lis sur vos visages l'embarras et l'inquiétude. Cette confession nous éclaire et nous éloigne. Elle rend le personnage de plus en plus étranger.

De bien obscurs échanges de lettres allaient bouleverser les plans et la vie de notre héros. Ces lettres, consignées dans le cahier, ne sont pas toutes datées. Mais, en les lisant, on peut les situer à l'époque où nous sommes arrivés dans notre histoire. Elles ne sont pas signées ou alors la signature y est absolument illisible. Parfois c'est une croix, d'autres fois ce sont des initiales ou des arabesques.

Sont-elles d'un correspondant ou d'une correspondante anonyme ? Ou sont-elles imaginaires ? Se serait-il écrit à lui-même dans son isolement ?...

La première lettre ne figure pas dans le cahier. Elle a dû être perdue. La seconde, c'est sa réponse :

« Ainsi j'aurais la vie pour châtiment ! Votre lettre ne m'a pas étonné. J'ai deviné comment vous avez pu vous procurer les éléments intimes et singuliers de ma vie. Vous vous acharnez sur une absence, ou à la limite une erreur. Moi-même je ne suis pas ce que je suis ; l'une et l'autre peut-être ! Mais la manière dont vous vous insinuez dans ces questions, l'imprudence avec laquelle vous vous immiscez dans mon rêve, vous rendent complice de tout ce que je peux commettre ou provoquer comme malheur. Votre signature est un gribouillage illisible. La lettre n'est pas datée. Seriez-vous l'ange exterminateur ? Si vous l'êtes, venez me voir, nous pourrions rire ensemble... Poste restante ! Des initiales ! Tant de mystère... »

« J'ai trouvé votre lettre sous la pierre à l'entrée du jardin. Je vous remercie de m'avoir répondu. Vous restez bien évasive. Cela fait longtemps que je vous attends. Mes questions n'étaient sans doute pas très précises. Comprenez-moi, je ne peux dévoiler mon identité sans encourir un danger qui amènerait le malheur sur vous et sur moi. Notre correspondance doit rester confidentielle. Je compte sur votre sens du secret.

» Le dessein qui me guide et me mène vers vous est frappé du sceau de l'impossible. J'aime pourtant marcher sur ce chemin avec la patience nourrie d'espoir par le rêve, ce songe que je fais de vous à chaque fois que monte la fièvre, là où je vous vois sans que vous me voyiez ; je vous entends parler à vous-même ou vous coucher nue dans les pages blanches de ce cahier, je vous observe et vous suis jusqu'à perdre le souffle, car c'est fou ce que vous bougez, ce que vous courez. J'aimerais pouvoir vous arrêter un moment, un bref instant, pour regarder vos yeux et vos cils. Mais je n'ai de vous qu'une image floue, et c'est peut-être mieux ainsi ! »

« Puisque vous venez jusqu'à chez moi pour m'épier et observer mes gestes et pensées, j'ai décidé de faire le ménage. Ma chambre n'est pas très grande. Les miroirs parallèles, la lumière du ciel, les grandes fenêtres et ma solitude font qu'elle paraît grande. Je vais l'agrandir encore plus en faisant le propre dans ma vie et mes souvenirs, car il n'y a pas plus encombrant que les choses laissées par le temps dans un étage de la mémoire. (Les gens disent un coin de la mémoire, moi je sais que c'est un étage car il y a tant d'objets qui se sont entassés et qui attendent un signe pour dégringoler et venir encombrer ma vie actuelle.) A votre prochaine visite vous serez étonné et même dépaysé. Je ne vous cache pas que je cherche à vous perdre, à précipiter votre perte. Vous tomberez dans le filet de vos audaces ou tout simplement dans un fossé, en bordure de la route. Mais restons ensemble quelque temps. Ne nous perdons pas de vue. A bientôt ! »

« N'ayant pas le temps de venir jusqu'à vous et n'étant pas certain que ma présence vous bouleverserait, je préfère encore vous écrire. Je ne parlerai ni de votre beauté, ni de la grâce qui vous enveloppe et vous préserve, ni de la manipulation de votre destin.

» J'ai appris que vous avez émis le désir et la volonté de vous marier. Beau geste, en principe ! Mais votre âme semble s'égarer. Vous oseriez faire d'un pauvre être sans défense une victime ? Non ! Cela est indigne de vous. Cependant, si vous désirez faire mal à l'un de vos oncles, j'aurai quelques idées à vous proposer. Mais je reste persuadé que votre génie a des ambitions d'une tout autre ampleur !

» Laissons ces manigances pour l'été ou l'automne. Voyez comme le printemps se penche sur nos corps et ouvre délicatement nos cœurs.

» Je resterai encore dans l'ombre d'un anonymat

d'où toutes les dérives sont possibles, surtout celles qui mènent à vous, à vos pensées, à votre âme, à votre corps étendu près du mien... »

« Mon père est souffrant. Je dois renoncer à tous mes projets. Je sens que c'est un moment difficile. L'idée de sa disparition m'obsède. Quand je l'entends tousser, j'ai très mal. Ma mère ne semble pas être préparée à cette épreuve. Je quitte ma chambre et je dors à ses côtés, sans dormir. Je surveille le rythme de sa respiration. Je veille sur lui et je pleure discrètement sur moi.
» Je vous parle aujourd'hui de ma peur et de ma douleur, alors que vous êtes installé dans cet anonymat qui me rapproche beaucoup de vous. Je ne voudrais pas voir votre visage ni entendre votre voix. Laissez-moi vous deviner à travers vos lettres. Ne m'en veuillez pas si je tarde à vous donner de mes nouvelles. »

Cet échange de lettres s'interrompt ici pour laisser place à l'événement majeur, épreuve décisive, tournant important qui va bouleverser la vie de notre personnage. La mort du père sera précédée d'un certain nombre de petits faits, manœuvres et tentatives, ce qui va renforcer la volonté de l'héritier et donner à son statut une légitimité incontestée. Bab El Had, comme son nom l'indique, c'est la porte limite, le mur qui se dresse pour mettre fin à une situation. Ce sera notre dernière porte, car elle s'est fermée sur nous sans nous prévenir. Et moi qui vous avais parlé des sept portes, je me trouve aujourd'hui dépassé. Notre histoire ne s'arrête pas à cette porte. Elle se poursuit, mais elle ne traversera plus de portes creusées dans une muraille. Elle tournera dans une rue circulaire et nous devrons la suivre avec de plus en plus d'attention.

6

La porte oubliée

Nous devons à présent nous glisser par les brèches dans la muraille, les ouvertures oubliées ; nous devons marcher sur la pointe des pieds et tendre l'oreille, pas le jour mais le soir, quand la lune donne de l'ombre à notre histoire, quand les étoiles se ramassent dans un coin du ciel et observent le monde qui s'assoupit.

Ô mes amis, je n'ose parler en votre compagnie de Dieu, l'indifférent, le suprême. Je me souviens d'une parole dite par un grand écrivain, elle m'intrigue encore : « Nous ne savons pas où Dieu met ses accents, et la vie est pudique comme un crime. » Nous sommes ses esclaves et nous tombons de fatigue. Quant à moi, je suis l'aveugle qui danse sur une terrasse nue ; à n'importe quel moment je peux tomber. C'est cela l'aventure..., quelques virgules qui nous retiennent.

Le père est mort, lentement. La mort a pris son temps et l'a cueilli un matin, dans son sommeil. Ahmed prit les choses en main avec autorité. Il convoqua ses sept sœurs et leur dit à peu près ceci : « A partir de ce jour, je ne suis plus votre frère ; je ne suis pas votre père non plus, mais votre tuteur. J'ai le devoir et le droit de veiller sur vous. Vous me devez obéissance et respect. Enfin, inutile de vous rappeler que je suis un homme d'ordre et que, si la femme chez nous est inférieure à l'homme, ce n'est pas parce que Dieu l'a voulu ou que le Prophète l'a décidé, mais parce qu'elle accepte ce sort. Alors subissez et vivez dans le silence ! »

Après cette mise au point, il fit venir les notaires, invita les oncles et régla la question de l'héritage. L'ordre régnait. Ahmed reçut de son correspondant anonyme une courte lettre de condoléances à laquelle il répondit quelques jours plus tard :

« L'empreinte de mon père est encore sur mon corps. Il est peut-être mort mais je sais qu'il reviendra. Un soir, il descendra de la colline et ouvrira les portes de la ville une à une. Cette empreinte est mon sang, le chemin que je dois suivre sans m'égarer. Je n'ai pas de peine. Ma douleur voyage. Mes yeux sont secs et mon innocence entachée d'un peu de pus. Je me vois enduit de ce liquide jaunâtre, celui qui rappelle le lieu et le temps de la mort.

» A présent je suis le maître de la maison. Mes sœurs sont résignées. Leur sang circule au ralenti. Ma mère s'est retirée dans le silence du deuil. Et moi je doute ; je ne sais quel objet, quel jardin, quelle nuit ramènerai-je de l'avenir. Je suis voyageur ; je ne m'endors jamais sans avoir parcouru quelques sentiers obscurs et inconnus. Ils sont tracés par une main familière — peut-être la mienne, peut-être celle de mon père — dans une plage blanche, nue, déserte, que même le vent

66

évite. C'est cela l'avenir, une statue voilée qui marche seule dans cette étendue blanche, un territoire de lumière insoutenable. Cette statue est peut-être une femme qui veille les chevaux agonisant, là-bas, au bout du sentier tracé par la voix du père.

» A bientôt.

» Dois-je vous rappeler, vous qui n'existez peut-être pas, que je suis incapable d'amitié et encore moins d'amour.

» P.S. Chaque matin, en me levant, je regarde, par la fenêtre, pour voir si le ciel ne s'est pas glissé pendant mon sommeil et ne s'est pas répandu comme une lave dans la cour intérieure de la maison. Je suis persuadé qu'un jour ou l'autre il descendra pour brûler mes restes. »

Pendant que le conteur lisait cette lettre, un homme, grand et mince, ne cessait d'aller et venir, traversant en son milieu le cercle, le contournant, agitant un bâton comme s'il voulait protester ou prendre la parole pour rectifier quelque chose. Il se mit au centre, tenant à distance le conteur avec sa canne, il s'adressa à l'assistance :

Cet homme vous cache la vérité. Il a peur de tout vous dire. Cette histoire, c'est moi qui la lui ai racontée. Elle est terrible. Je ne l'ai pas inventée. Je l'ai vécue. Je suis de la famille. Je suis le frère de Fatima, la femme d'Ahmed, enfin celle qui joua le rôle de l'épouse, mais une épouse qui se laissa entraîner dans le tourbillon d'une perversion trop compliquée pour nous, braves et bons musulmans. Quand sa mère vint, entourée de ses sept filles, déposer à la maison un grand bouquet de fleurs, suivie par ses domestiques les bras chargés de cadeaux, elle murmura dans l'oreille de ma mère quelques mots du genre : « Le même sang qui nous réunit dans le passé nous unira de nouveau, si Dieu le veut », puis, après les gestes et paroles de bienvenue, elle prononça lentement, en le détachant, le nom de Fatima, en le répétant plus d'une fois pour ne pas faire croire à une erreur. Ma mère ne souriait plus. Demander en mariage la malheureuse Fatima qui traînait la jambe et qui avait souvent des crises d'épilepsie, c'était trop beau ou trop moche. Dès que son nom fut prononcé, on l'éloigna, on l'enferma dans la chambre du haut, et on ne dit rien. Ni oui ni non. On attendait la concertation avec le père. Les rapports entre les deux familles n'ont jamais été bons. Jalousie, rivalité, alimentaient une petite guerre silencieuse. Mais on sauvait souvent les apparences. C'est ce que certains appellent l'hypocrisie. Les deux frères ne s'aimaient pas beaucoup. Les femmes prenaient évidemment chacune le parti de son mari. En fait, les hommes se détestaient en silence. Les femmes se chargeaient de maintenir vive la tension. Elles se disaient des petites méchancetés quand elles se rencontraient au bain ou dans une réunion familiale. Mais personne n'aurait pensé qu'un jour ces deux familles allaient se lier par un mariage. Le père hésita. Il se doutait bien que ce geste d'Ahmed ne pouvait être sans arrière-pensée. D'ailleurs la personnalité d'Ahmed, qu'il voyait très rarement, l'intriguait. Il avait des idées confuses sur cet être, puis il s'en voulait de penser mal ; il faisait une prière et demandait à Dieu de lui rendre justice ! Toute sa vie il a compté sur cet héritage. Avec l'arrivée d'Ahmed, il fit son deuil de cette attente et il se sentit victime d'une injustice du sort ou d'une machination du destin. Il refusa dans un premier temps de marier sa fille, ensuite il eut l'idée d'en parler avec Fatima. Elle voulait se marier. On finit par accepter. Ahmed dit ses conditions : les deux familles resteraient à l'écart ; il vivrait seul avec son épouse. Elle ne sortirait de la maison que pour aller au bain ou à l'hôpital. Il pensait l'emmener consulter de grands médecins, la guérir, lui donner sa chance. Il parlait en se voilant le visage sur un ton ferme. Il dit des choses qu'on ne comprenait pas tout à fait, des réflexions philosophiques, des pensées disparates. Je m'en souviens bien car la fin de son discours m'avait intrigué et même mis mal à l'aise. Il disait : « Unique passager de l'absolu, je m'accroche à ma peau extérieure dans cette forêt épaisse du mensonge. Je me tiens derrière une muraille de verre ou de cristal et j'observe le commerce des uns et des autres. Ils sont petits et courbés par tant de pesanteur. Il y a longtemps que je ris de moi-même et de l'autre, celui qui vous parle, celui que vous croyez voir et entendre. Je ne suis pas amour, mais citadelle imprenable, mirage en décomposition. Je parle tout seul et je risque de vous égarer dans le buisson des mots balbutiés par le bègue... Vous aurez de mes nouvelles, le jour précis de ma mort, ce sera un jour faste et ensoleillé, un jour où l'oiseau en moi chantera... » On se disait qu'il divaguait, que toutes ses lectures le poussaient au délire. Il parlait sans discontinuer, disait des mots inaudibles, plongeait la tête dans sa djellaba comme s'il priait ou communiquait un secret à quelqu'un d'invisible. La suite, mes amis, vous ne pouvez la deviner. Notre conteur prétend lire dans un livre qu'Ahmed aurait laissé. Or, c'est faux! Ce livre, certes, existe. Ce n'est pas ce vieux cahier jauni par le soleil que notre conteur a couvert avec ce foulard sale. D'ailleurs ce n'est pas un cahier, mais une édition très bon marché du Coran. C'est curieux, il regardait les versets et lisait le journal d'un fou, victime de ses propres illusions. Bravo! Quel courage, quel détournement! Le journal d'Ahmed, c'est moi qui l'ai; c'est normal, je l'ai volé le lendemain de sa mort. Le voilà, il est couvert d'une gazette de l'époque, vous pouvez lire la date... Ne coïncide-t-elle pas avec celle de sa mort? Notre conteur est très fort! Ce qu'il nous a lu est digne de figurer dans ce cahier.

Compagnons! Ne partez pas!·Attendez, écoutez-moi, je suis de cette histoire, je monte sur cette échelle de bois, soyez patients, attendez que je m'installe en haut de la terrasse, j'escalade les murs de la maison, je monte m'asseoir sur une natte, à la terrasse toute blanche et j'ouvre le livre pour vous conter l'histoire, étrange et belle, de Fatima frappée par la grâce et d'Ahmed reclus dans les vapeurs du mal, l'histoire de la vertu transpercée au cœur par tant de flèches empoisonnées. Compagnons, venez vers moi, ne vous pressez pas, ne piétinez pas notre conteur, laissez-le partir, montez sur les échelles et faites attention au vent qui souffle, élevez-vous, escaladez les murs de l'enceinte, tendez l'oreille, ouvrez l'œil, et partons ensemble, non sur un tapis ou sur un nuage mais sur une couche épaisse de mots et de phrases, tout en couleur et en musique. Ce chant que vous entendez, c'est celui qu'aimait particulièrement Ahmed. Il vient de loin, il vient du sud en passant par les hautes montagnes. Il est triste. On dirait que c'est la terre qui doucement soulève une à une ses grosses pierres et nous fait entendre la rumeur blessée d'un corps piétiné. Vous faites le silence et vos visages sont graves. Tiens, je vois là-bas notre vieux conteur revenir. Il s'assoit avec nous. Bienvenue, oui ! Je ne fais que poursuivre ton histoire. Je t'ai peut-être bousculé. Excuse mes gestes d'impatience. C'est le chant qui t'a ramené. Il nous ramène tous à la terre. Approche-toi ; viens plus près de moi. Tu pourras intervenir dans cette histoire. A présent, je vais donner lecture du journal d'Ahmed qui s'ouvre ou se poursuit, je ne sais plus, sur cet exergue : « Les jours sont des pierres, les unes sur les autres s'amassent... »

C'est la confession d'un homme blessé ; il se réfère à un poète grec.

7

La porte emmurée

Deux vieilles femmes, sèches et grises, le regard funeste, le geste précis et bref, accompagnèrent Fatima. Sans bruit, sans festivités, elles devaient me livrer celle à qui allait incomber le rôle d'épouse et de femme au foyer. Enveloppée dans une djellaba blanche, elle avait les yeux baissés ; et, même si elle avait osé lever haut son regard, les deux femmes l'en auraient empêché. La pudeur, c'est cela ! Ne pas regarder l'homme en face ; ne pas soutenir son regard par soumission, par devoir, rarement par respect ou à cause de l'émotion. Les deux femmes lui tenaient chacune un bras, elles le lui serraient et lui faisaient mal. Elles hâtaient le pas et l'entraînaient dans une marche rapide, décidée. Mais elle n'était décidée pour rien. Elle ne pouvait même pas rêver de l'amour. Elle ne voulait pas s'engager dans ces illusions. Son corps la trahissait, la lâchait en pleine jeunesse. Les démons de l'au-delà lui rendaient souvent visite, s'introduisaient dans son sang, le troublaient, le faisaient tourner trop vite ou de manière irrégulière. Son sang perturbait sa respiration, elle tombait et perdait connaissance. Son corps s'en allait, loin de sa conscience. Il se livrait à des gesticulations incontrôlées, se débattait tout seul, avec le vent, avec les démons. On la laissait seule débrouiller les fils de tous ces nœuds. Son corps, lentement, revenait à elle, reprenait sa place, fatigué, battu, endolori. Elle restait étendue à même le sol et se reposait. Elle remerciait Dieu de lui avoir redonné le pouvoir de respirer normalement, de se lever et d'aller courir dans la rue. Tout le monde dans la famille s'était habitué à la voir se cogner la tête contre des murs invisibles. Personne ne s'émouvait ni ne s'inquiétait. On disait tout au plus : « Tiens ! Cette crise est plus violente que celle de la semaine dernière... Ça doit être la chaleur !... » Elle passait sa crise dans sa petite solitude et tout était à sa place. Ses sœurs et frères étaient à leur place, pleins d'avenir, heureux de faire des projets, un peu irrités de ne pas avoir beaucoup d'argent pour davantage paraître en société, un peu contrariés d'avoir une sœur qui apporte une fausse note dans un paysage harmonieux. Fatima aussi avait fini par avoir sa place : une chambre sans confort, près de la terrasse. On l'oubliait souvent. Je l'avais surprise deux ou trois fois en train de pleurer, pour rien, pour oublier ou pour passer le temps. Elle s'ennuyait beaucoup et, puisque personne dans sa famille ne lui manifestait de la tendresse, elle sombrait dans une espèce de mélancolie pitoyable où elle cernait son être. Sacrifiée et lasse, elle était une petite chose déposée par l'erreur ou la malédiction sur la monotonie quotidienne d'une vie étroite. Déposée ou plaquée sur une table abandonnée dans un coin de la cour où les chats et les mouches aiment tourner en rond.

Etait-elle belle ? Je me le demande encore aujour-
d'hui. Il faut avouer que son visage avait pris des rides
précoces, creusées par les crises fréquentes et de plus en
plus violentes. Les traits de ce visage souvent crispé
avaient gardé peu de leur finesse. Ses yeux clairs, quand
ils n'étaient pas mouillés par les larmes, donnaient à son
regard une lumière douce. Elle avait un petit nez. Les
joues étaient couvertes d'éternels boutons de jeunesse.
Ce que je ne pouvais aimer, c'était sa bouche qui se
tordait au moment de la crise et qui gardait en elle un
rictus comme une énorme virgule dans une page
blanche. Son corps était ferme malgré sa jambe droite
menue. Ferme et dur. Les seins étaient petits avec
quelques poils autour du mamelon. Quand il m'arrivait
de la serrer dans mes bras, pour la consoler de sa
détresse, pas pour exprimer un quelconque désir sexuel,
je sentais ce corps réduit à un squelette actif qui se
débattait contre des fantômes ou les bras d'une pieuvre
invisible. Je le sentais chaud, brûlant, nerveux, décidé à
vaincre pour vivre, pour respirer normalement, pour
pouvoir courir et danser, nager et monter comme une
petite étoile sur l'écume des vagues hautes et belles. Je le
sentais lutter contre la mort avec les moyens du bord :
les nerfs et le sang. Elle avait souvent des hémorragies.
Elle disait que son sang se fâchait et qu'elle n'était pas
digne de le garder pour en faire quelque chose de bien.
Elle ne voulait pas avoir d'enfant, même si ses nuits
étaient peuplées de rêves de marmailles. Elle dormait à
mes côtés en s'agrippant à mon bras, suçant son pouce,
le corps détendu et calme.

Ce fut elle qui me murmura à l'oreille le jour de son

arrivée chez moi, comme une confidence : « Merci de m'avoir sortie de l'autre maison. Nous serons frère et sœur ! Tu as mon âme et mon cœur, mais mon corps appartient à la terre et au diable qui l'a dévasté !... » Elle s'endormit juste après et je restai seul à méditer ces paroles balbutiées au début de la nuit. Je commençais à douter de moi-même et de mon apparence. Etait-elle au courant ? Voulait-elle précéder le discours que j'avais mentalement préparé pour l'avertir sans lui dévoiler mes secrets ? Etrange ! Je finis par penser tout simplement qu'elle avait, depuis longtemps, annulé en elle toute sexualité et qu'elle avait accepté ce mariage en pensant que, si je l'avais demandée, ce n'était pas par amour, mais pour un arrangement social, pour masquer une infirmité ou une perversité. Elle devait penser que j'étais un homosexuel qui avait besoin d'une couverture pour faire taire les médisances ; ou bien un impuissant qui voulait sauver les apparences ! J'aurais ainsi passé ma vie à jouer avec les apparences, toutes les apparences, même celles qui peut-être étaient la vérité fabriquaient pour moi un visage vrai, nu, sans masque, sans couche d'argile, sans voile, un visage ouvert et simplement banal, que rien d'exceptionnel ne distinguait des autres.

Je n'étais pas mécontent et trouvais que l'audace arrangeait bien des choses. Je lui fis installer un lit en face du mien et m'occupais d'elle autant que je le pouvais. Elle ne se déshabillait jamais devant moi. Moi non plus. Pudeur et chasteté régnaient dans notre grande pièce. J'essayais un jour de voir pendant qu'elle dormait si elle ne s'était pas excisée ou cousu les lèvres du vagin.

Je soulevai doucement les draps et découvris qu'elle portait une espèce de gaine forte autour du bassin, comme une culotte de chasteté, blindée, décourageant le désir ou alors le provoquant pour mieux le casser. La présence de Fatima me troublait beaucoup. Au départ j'aimais la difficulté et la complexité de la situation. Ensuite je me mis à perdre patience. Je n'étais plus maître de mon univers et de ma solitude. Cet être blessé à mes côtés, cette intrusion que j'avais installée moi-même dans mes secrets et mon intimité, cette femme courageuse et désespérée, qui n'était plus une femme, qui avait traversé un chemin pénible, ayant accepté de tomber dans un précipice, en défigurant son être inté-rieur, le masquant, l'amputant, cette femme qui n'aspi-rait même pas à être un homme, mais à être rien du tout, une jarre creuse, une absence, une douleur étalée sur l'étendue de son corps et de sa mémoire, cette femme qui ne parlait presque jamais, murmurait de temps en temps une phrase ou deux, s'enfermait dans un long silence, lisait des livres de mystiques et dormait sans faire le moindre bruit, cette femme m'empêchait de dormir. Il m'arrivait de l'observer longtemps dans son sommeil, la regardant fixement jusqu'à perdre les traits et le contour de son visage et pénétrer dans ses pensées profondes, enfouies dans un puits de ténèbres. Je délirais en silence, réussissant à rejoindre ses pensées et même à les reconnaître comme si elles avaient été émises par moi. C'était là mon miroir, ma hantise et ma faiblesse. J'entendais ses pas, au fond de la nuit, avancer lentement sur un vieux plancher qui craquait. En fait ce n'était pas un plancher, mais j'imaginais le bruit et le

bruit dessinait un plancher, et le plancher s'étalait
devant moi en bois ancien, le bois provenait d'une
maison en ruine, abandonnée par des voyageurs pressés,
la maison était une vieille baraque dans le bois, entourée
de chênes ravagés par le temps ; je montais sur une des
rares branches solides et dominais la baraque au toit
plein de trous, par ces ouvertures entraient la lumière et
mon regard qui suivait les traces de pas laissées dans la
poussière, lesquelles me conduisaient à la cave où
vivaient heureux les rats et d'autres bêtes dont je ne
connaissais pas le nom, dans cette cave, véritable grotte
préhistorique, gisaient les pensées de cette femme qui
dormait dans la même pièce que moi et que je regardais
avec un sentiment où la pitié, la tendresse et la colère
étaient mêlées dans un tourbillon où je perdais le sens et
la patience des choses, où je devenais de plus en plus
étranger à mon destin et à mes projets. Cette présence,
même muette, ce poids tantôt léger, tantôt lourd, cette
respiration difficile, cette chose qui ne bougeait presque
pas, ce regard fermé, ce ventre gainé, ce sexe absent,
nié, refusé, cet être ne vivait que pour s'agiter durant les
crises d'épilepsie et toucher des doigts le visage frêle et
imprécis de la mort, puis retrouver la grotte et ses
pensées qui n'étaient ni tristes ni heureuses, simplement
déposées en lambeaux dans un sac en jute, les rats
avaient essayé de les manger mais ils avaient dû renoncer
car elles étaient enduites d'un produit toxique qui les
protégeait et les maintenait intactes.

Elle dormait beaucoup, et, quand elle se levait,
s'enfermait longtemps dans la salle d'eau, donnait quelques ordres à la bonne, et s'isolait de nouveau. Elle ne se

78

mêlait jamais à mes sœurs, n'acceptait aucune invitation et le soir, quand je rentrais, elle me murmurait des mots de remerciements comme si elle me devait quelque chose.

Mes sœurs ne comprirent jamais le sens de ce mariage. Ma mère n'osait pas m'en parler. Et moi je m'occupais autant que possible des affaires laissées plutôt en mauvais état par mon père.

Petit à petit je fus gagné par les scrupules et l'insomnie. Je voulais me débarrasser de Fatima sans lui faire de mal. Je l'installai dans une chambre éloignée de la mienne et me mis lentement à la haïr. Je venais d'échouer dans le processus que j'avais préparé et déclenché. Cette femme, parce que handicapée, s'était révélée plus forte, plus dure et plus rigoureuse que tout ce que j'avais prévu. Voulant l'utiliser pour parfaire mon apparence sociale, ce fut elle qui sut le mieux m'utiliser et faillit m'entraîner dans son profond désespoir.

J'écris cela et je ne suis pas sûr des mots, car la vérité, je ne la connais pas entièrement. Cette femme était d'une intelligence particulière. Toutes les paroles qu'elle taisait, toutes les économies de mots qu'elle faisait, se versaient dans sa conviction inébranlable et renforçaient ses plans et projets. Elle avait déjà renoncé à vivre et s'acheminait sûrement vers la disparition, vers l'extinction lente. Pas de mort brutale, mais une marche à reculons vers la fosse béante derrière l'horizon. Elle ne prenait plus ses médicaments, mangeait peu, ne parlait presque plus. Elle voulait mourir et m'emmener avec elle dans sa chute. La nuit, elle envahissait ma chambre et s'accrochait au lit juste avant la crise. Elle tirait sur mon bras jusqu'à me faire tomber à ses côtés, ou à m'étrangler de toutes ses forces pour extirper les démons qui s'agitaient en elle. Cela durait à chaque fois un peu plus. Je ne savais plus comment réagir ni comment éviter ces scènes pénibles. Elle me disait que j'étais son seul soutien, le seul être qu'elle aime, elle voulait que je l'accompagne dans chacune de ses chutes. Je ne comprenais pas jusqu'au jour où elle se glissa dans mon lit pendant que je dormais et doucement se mit à caresser mon bas-ventre. Je fus réveillé en sursaut et la repoussai violemment. J'étais furieux. Elle sourit pour la première fois, mais ce sourire ne me rassura point. Je ne la supportais pas. Je désirais sa mort. Je lui en voulais d'être infirme, d'être femme, et d'être là, par ma volonté, ma méchanceté, mon calcul et la haine de moi-même.

Elle me dit un soir, les yeux déjà rivés sur la trappe des ténèbres, le visage serein mais très pâle, le corps menu ramassé sur lui-même dans un coin du lit, les mains froides et plus douces que d'habitude, elle me dit avec un petit sourire : « J'ai toujours su qui tu es, c'est pour cela, ma sœur, ma cousine, que je suis venue mourir ici, près de toi. Nous sommes toutes les deux nées penchées sur la pierre au fond du puits sec, sur une terre stérile, entourées de regards sans amour. Nous sommes femmes avant d'être infirmes, ou peut-être nous sommes infirmes parce que femmes..., je sais notre blessure... Elle est commune... Je m'en vais... Je suis ta femme et tu es mon épouse... Tu seras veuf et moi..., disons que je fus une erreur... pas très grave, une petite errance

immobilisée... Oh, je parle trop... je perds la tête !
Bonne nuit... A un de ces jours !... »

Beaucoup plus tard, une voix venue d'ailleurs dira :
« Remange-moi, accueille ma difformité dans ton gouf-
fre compatissant. »

8

Rebelle à toute demeure

Ainsi, il devint veuf ! Amis ! Cet épisode de sa vie fut pénible, trouble et incompréhensible.

— Non ! C'est tout à fait logique ! répliqua un homme de l'assistance. Il s'est servi de cette pauvre infirme pour se rassurer et renforcer son personnage. Cela me rappelle une autre histoire qui est arrivée à la fin du siècle dernier dans le sud du pays. Permettez-moi que je vous la conte rapidement : c'est l'histoire de ce chef guerrier, un être terrible, qui se faisait appeler Antar ; c'était un chef impitoyable, une brute, une terreur dont la renommée dépassait le clan et les frontières. Il commandait ses hommes sans crier, sans s'agiter. De sa petite voix, qui contrastait avec ce qu'il disait, il donnait des ordres et jamais il ne fut désobéi. Il avait sa propre armée et résistait à l'occupant sans jamais mettre en question l'autorité centrale. Il était craint et respecté, ne tolérait aucune faiblesse ou défaillance de la part de ses hommes, faisait la chasse aux corrupteurs et punissait les corrompus, exerçait un pouvoir et une justice personnels, jamais arbitraires, allait jusqu'au bout de ses idées et de sa rigueur, bref, c'était un homme exemplaire, au courage légendaire, cet homme, cet Antar secret qui dormait avec son fusil, on découvrit, le jour où il mourut, que cette terreur et cette force logeaient dans un corps de femme. On lui érigea un mausolée sur le lieu de sa mort ; aujourd'hui c'est un saint ou une sainte ; c'est le marabout de l'errance ; c'est lui que vénèrent les êtres qui fuguent, ceux qui partent de chez eux parce qu'ils sont rongés par le doute, recherchant le visage intérieur de la vérité...

A ce moment-là intervint le conteur qui, avec un sourire, dit : Oui, ami, je sais cette histoire aussi. Elle est arrivée, il y a cent ans peut-être. Il s'agit du « leader isolé », celui qui fascina tous ceux qui l'ont approché. Parfois il se présentait voilé ; ses troupes pensaient qu'il voulait les surprendre ; en fait il offrait ses nuits à un jeune homme à la beauté rude, une espèce de bandit errant qui gardait sur lui un poignard pour se défendre ou pour se donner la mort. Il vivait dans une grotte et passait son temps à fumer du kif et à attendre la belle des nuits. Bien sûr il n'a jamais su que cette femme n'était femme que sous son corps, que dans ses bras. Elle lui offrait de l'argent. Il le refusait ; elle lui indiquait les lieux à cambrioler et lui garantissait le maximum de sécurité, puis disparaissait pour réapparaître à l'impromptu une nuit sans étoiles. Ils se parlaient peu ; mêlaient leurs corps et préservaient leurs âmes. On raconte qu'ils se sont battus une nuit parce qu'en faisant l'amour elle a pris le dessus après l'avoir mis à plat ventre, et simulait la sodomisation. Indigné, il hurlait de rage, mais elle le dominait de toutes ses forces, l'immobilisait en écrasant sa figure contre le sol. Quand il réussit à se dégager il s'empara de son poignard mais elle fut plus rapide, sauta sur lui, le culbuta ; en tombant l'arme toucha son bras ; il se mit à pleurer, elle lui cracha sur le visage, lui donna un coup de pied dans les couilles et partit. C'était fini. Elle ne revint plus jamais le voir, et le bandit blessé devint fou, quitta sa grotte et s'en alla rôder au seuil des mosquées, malade d'amour et de haine. Il a dû se perdre dans la foule ou être avalé par la terre tremblante. Quant à notre leader, il mourut jeune sans être malade, dans son sommeil. Lorsqu'on le déshabilla pour le laver et le couvrir du linceul, on découvrit avec la stupeur que vous imaginez que c'était une femme dont la beauté apparut brusquement comme l'essence de cette vérité cachée, comme l'énigme qui oscille entre les ténèbres et l'excès de lumière.

Cette histoire fit le tour du pays et du temps. Elle nous parvient aujourd'hui quelque peu transformée. N'est-ce pas le destin des histoires qui circulent et coulent avec l'eau des sources les plus hautes ? Elles vivent plus longtemps que les hommes et embellissent les jours.

— Mais qu'est devenu notre héros après la mort de Fatima ? s'exclama une voix.

Il devint triste, plus triste qu'avant, car toute sa vie fut comme une peau gercée, à force de subir des mues et de se faire masque sur masque. Il se retira dans sa chambre, délégua la direction des affaires à un homme qui était fidèle à la famille, et se mit à écrire des choses confuses ou illisibles. Ce fut à ce moment-là qu'il reçut de nouveau des lettres du correspondant anonyme. Ces lettres sont là, avec la même écriture, fine, appliquée, secrète. Cette voix lointaine, jamais nommée, l'aidait à vivre et à réfléchir sur sa condition. Il entretenait avec ce correspondant une relation intime ; il pouvait enfin parler, être dans sa vérité, vivre sans masque, en liberté même limitée et sous surveillance, avec joie, même intérieure et silencieuse. Voici la lettre qu'il reçut après la mort de Fatima :

« *Jeudi 8 avril.* Ami, je sais, je sens, la blessure que vous portez en vous et je sais le deuil de vos jours bien avant la mort de cette pauvre fille. Vous vous êtes cru capable de toutes les cruautés à commencer par celles qui tailladent votre corps et noircissent vos jours. Vous avez, par orgueil ou par ambition, convoqué le malheur jusqu'à votre intimité et vous en avez fait non un plaisir, mais un jeu dangereux où vous avez perdu la peau d'un de vos masques. Vous avez voulu cette liaison non par pitié mais par vengeance. Là vous avez fait erreur et votre intelligence a sombré dans des manigances indignes de votre ambition. Permettez-moi de vous dire avec franchise et amitié mon sentiment : cette situation était trop dure pour n'importe qui, mais je pensais qu'elle ne le serait pas pour vous. La fille était une noyée et avait entamé sa chute depuis fort longtemps. Vous êtes arrivé trop tard. A présent, à quoi vous sert de vous isoler dans cette chambre où vous êtes entouré de livres et de bougies ? Pourquoi ne descendez-vous pas dans la rue, en abandonnant les masques et la peur ? Je vous dis cela et je sais que vous souffrez. Moi qui vous connais et vous observe depuis longtemps, j'ai appris à lire dans votre cœur et votre mélancolie m'atteint malgré notre éloignement et l'impossibilité de nous rencontrer. Qu'allez-vous entreprendre à présent ? Vous savez combien notre société est injuste avec les femmes, combien notre religion favorise l'homme, vous savez que, pour vivre selon ses choix et ses désirs, il faut avoir du pouvoir. Vous avez pris goût aux privilèges et vous avez, sans peut-être le vouloir, ignoré, méprisé vos sœurs. Elles vous haïssent et n'attendent que votre départ. Vous avez manqué d'amour et de respect à votre mère, une brave femme qui n'a fait qu'obéir toute sa vie. Elle ne cesse de vous attendre et espère votre retour, retour à son sein, retour à son amour. Depuis le décès de son mari, la folie et le silence l'ont ravagée, et vous, vous l'avez oubliée ; elle meurt de votre abandon, elle perd l'ouïe et la vue. Elle vous attend.

» Moi aussi je vous attends, mais j'ai davantage de patience. J'ai en moi assez de réserve d'amour pour vous et votre destin... A très bientôt, ami ! »

Cette lettre le contraria. Il se sentait jugé et sévèrement critiqué. Il fut tenté d'interrompre cette correspondance mais l'envie de comprendre et d'expliquer ce qui se passait en lui l'emporta sur le silence et l'orgueil.

« *Samedi, la nuit.* Votre dernière lettre m'a mis mal à l'aise. J'ai longtemps hésité avant de vous répondre. Or, il faut bien que de ma solitude vous soyez plus que le confident, le témoin. Elle est mon choix et mon territoire. J'y habite comme une blessure qui loge dans le corps et rejette toute cicatrisation.

Je dis que je l'habite mais à bien réfléchir c'est la solitude, avec ses effrois, ses silences pesants et ses vides envahissants, qui m'a élu comme territoire, comme demeure paisible où le bonheur a le goût de la mort. Je sais que je dois y vivre sans rien espérer ; le temps transforme et affermit cette obligation. Je voudrais vous dire que c'est une question qui va au-delà des notions de devoir ou des humeurs de l'âme. Vous comprendrez cela un jour, peut-être, si nos visages se rencontrent.

» Depuis que je me suis retiré dans cette chambre, je ne cesse d'avancer sur les sables d'un désert où je ne vois pas d'issue, où l'horizon est à la rigueur une ligne bleue, toujours mobile, et je rêve de traverser cette ligne bleue pour marcher dans une steppe sans but, sans penser à ce qui pourrait advenir... Je marche pour me dépouiller, pour me laver, pour me débarrasser d'une question qui me hante et dont je ne parle jamais : le désir. Je suis las de porter en mon corps ses insinuations sans pouvoir ni les repousser ni les faire miennes. Je resterai profondément inconsolé, avec un visage qui n'est pas le mien, et un désir que je ne peux nommer.

» Je voudrais enfin vous dire pourquoi votre lettre m'a découragé : vous versez tout d'un coup dans la morale. Comme vous savez, je hais la psychologie et tout ce qui alimente la culpabilité. Je pensais que la fatalité musulmane (existe-t-elle ?) nous épargnerait ce sentiment mesquin, petit et malodorant. Si je vous écris, si j'ai accepté d'entretenir avec vous un dialogue épistolaire, ce n'est pas pour que soit reproduite la morale sociale. La grande, l'immense épreuve que je vis n'a de sens qu'en dehors de ces petits schémas psychologiques qui prétendent savoir et expliquer pourquoi une femme est une femme et un homme est un homme. Sachez, ami, que la famille, telle qu'elle existe dans nos pays, avec le père tout-puissant et les femmes reléguées à la domesticité avec une parcelle d'autorité que leur laisse le mâle, la famille, je la répudie, je l'enveloppe de brume et ne la reconnais plus.

» J'arrête ici, car je sens monter en moi la colère, et je ne peux pas me permettre le luxe de faire cohabiter dans la même blessure la détresse qui me fait vivre et la colère qui dénature le fond de mes pensées, le sens de mon but, même si ce but est égaré dans le désert ou au milieu de la steppe. Je vous laisse à présent et retourne à mes lectures. Peut-être demain ouvrirai-je la fenêtre. A très bientôt. Ami de ma solitude ! »

Amis, je ferme ici le livre, ouvre mon cœur et appelle ma raison : à cette époque de réclusion, on ne le voyait plus. Il s'était enfermé dans la pièce du haut et communiquait avec l'extérieur par de petits billets qui étaient souvent illisibles ou étranges. Sa mère ne savait pas lire. Elle refusait d'entrer dans ce jeu et jetait les billets qui lui étaient adressés. Il écrivait rarement à ses sœurs, dont trois n'habitaient plus la grande maison. Elles s'étaient mariées et ne venaient que rarement voir leur mère souffrante. Ahmed régnait même absent et invisible. On sentait sa présence dans la maison et on la redoutait. On parlait à voix basse de peur de le déranger. Il était là-haut, ne sortait plus, et seule la vieille Malika, la bonne qui l'avait vu naître et pour laquelle il avait un peu de tendresse, avait la possibilité de pousser sa porte et s'occuper de lui. Elle lui apportait à manger — elle allait jusqu'à lui procurer en cachette du vin et du kif —, nettoyait sa chambre et la petite salle d'eau adjacente. Quand elle entrait, il se couvrait entièrement d'un drap et se mettait sur une chaise au minuscule balcon qui dominait la vieille ville. En partant elle cachait dans un sac les bouteilles de vin vides et balbutiait quelques prières du genre : « Qu'Allah nous préserve du malheur et de la folie ! » ou bien : « Qu'Allah le ramène à la vie et à la lumière ! » Il cultivait ainsi le pouvoir de l'être invisible. Personne ne comprenait le sens de cette retraite. La mère qui pouvait en soupçonner la signification était préoccupée par son corps malade et sa raison vacillante. Il passait son temps à se raser la barbe et à s'épiler les jambes. Il était en train d'espérer un changement radical dans le destin qu'il s'était plus ou moins donné. Pour cela il avait besoin de temps, beaucoup de temps, comme il avait besoin qu'un regard étranger se posât sur son visage et son corps en mutation ou dans le retour vers l'origine, vers les droits de la nature. Malgré quelque irritation, il continuait à correspondre avec cet ami anonyme. Permettez, mes chers compagnons, que j'ouvre de nouveau le livre et vous lise :

« *Mardi 13 avril.* Plus jamais, ami, je n'aborderai avec vous les problèmes touchant votre famille. Si j'ai failli à la discrétion, c'est par excès de sentiments qui me tourmentent et me troublent. Pourquoi m'être embarqué dans cette correspondance où chaque phrase échangée ne fait que compliquer notre labyrinthe, là où nous marchons à tâtons, les yeux bandés, au risque de ne jamais nous rencontrer ?

» Je suis et j'ai toujours été un être d'intuition. Quand je me suis trouvé sur vos traces, c'est ce sentiment fort et indéfinissable qui m'a guidé. Je vous ai observé de loin et j'ai été touché — physiquement — par les ondes que votre être émet. Vous ne croyez peut-être pas à ce genre de communication, mais j'ai tout de suite su que j'avais affaire à une personne d'exception et qui était déplacée hors de son être propre, hors de son corps. J'ai senti, au sens physique, que vous n'étiez pas un homme comme les autres. Ma curiosité est devenue une passion. Mon intuition m'oppressait, me poussait toujours plus loin dans ma recherche et mon approche. J'ai écrit beaucoup de lettres que je ne vous ai pas envoyées. A chaque fois j'hésitais et me demandais de quel droit je vous poursuivais de mes questions et pourquoi cet acharnement à rendre à votre visage l'image et les traits de l'origine.

» Comment aurais-je pu vous aborder autrement, car ce que j'avais à vous dire ne se dit pas dans notre société et surtout pas publiquement. Je suis impatient de connaître votre sentiment sur ce que je viens de vous avouer. Notre correspondance a atteint à présent un seuil de complicité qui nous engage et met en jeu notre futur.

» Pour terminer, je voudrais vous murmurer à l'aube ces vers du poète mystique du XIIIe siècle, Ibn Al-Fârid :

> " Et si la nuit t'enveloppe et enfouit en leur solitude
>   [ces demeures]
>   allume de désir en leur noirceur un feu... "

Vôtre. »

9

« *Bâtir un visage comme on élève une maison* »

Avant de continuer la lecture de ce journal, je voudrais, pour ceux qui s'inquiètent du sort du reste de la famille, dire qu'après la mort de la malheureuse Fatima notre personnage perdit le contrôle des affaires et s'enferma pour ne plus réapparaître. On le soupçonna d'avoir précipité le décès de son épouse et les deux familles devinrent ennemies pour toujours.

Les choses se dégradèrent petit à petit : les murs de la grande maison étaient fissurés, les arbres de la cour moururent d'abandon, la mère vécut cette déchéance comme une vengeance du ciel pour avoir détourné la volonté de Dieu, elle sombra dans un mutisme et une folie tranquille, les filles restées à la maison dilapidèrent l'argent de l'héritage et cherchaient à nuire d'une façon ou d'une autre à leur frère caché, mais ce frère était hors d'atteinte ; invisible, il continuait malgré tout de régner. La nuit, on entendait ses pas mais personne ne le voyait. Portes et fenêtres étaient fermées sur un mystère pesant. Il avait pris l'habitude d'accrocher à l'entrée une ardoise d'écolier sur laquelle il écrivait à la craie blanche une pensée, un mot, un verset du Coran ou une prière. A qui s'adressait-il ainsi ? Malika ne savait pas lire. Ses sœurs n'osaient jamais monter jusqu'à sa chambre. Mais chaque jour ou presque avait sa pensée, sa couleur, sa musique.

Au jour où notre histoire est arrivée, voici ce que contenait l'ardoise : « Que dit la nuit ? Retourne à ta demeure ! »

Un autre jour, ce verset : « Nous appartenons à Dieu et à lui nous retournerons » et il a ajouté en petits caractères : « Si je le veux ». Hérésie ! Hérésie ! Frères ! A partir de cette étape, il va se développer et enrichir sa solitude jusqu'à en faire son but et sa compagne. De temps en temps, il sera tenté de l'abandonner, de sortir et de tout renverser dans un élan de folie et de fureur destructrice. Je ne suis pas certain qu'on verra ce qui va se passer, même en lisant son journal et sa correspondance.

« *15 avril.* Je me suis assez donné. A présent je cherche à m'épargner. Ce fut pour moi un pari. Je l'ai presque perdu. Etre femme est une infirmité naturelle dont tout le monde s'accommode. Etre homme est une illusion et une violence que tout justifie et privilégie. Etre tout simplement est un défi. Je suis las et lasse. S'il n'y avait ce corps à raccommoder, cette étoffe usée à rapiécer, cette voix déjà grave et enrouée, cette poitrine éteinte et ce regard blessé, s'il n'y avait ces âmes bornées, ce livre sacré, cette parole dite dans la grotte et cette araignée qui fait barrage et protège, s'il n'y avait l'asthme qui fatigue le cœur et ce kif qui m'éloigne de cette pièce, s'il n'y avait cette tristesse profonde qui me poursuit... J'ouvrirais ces fenêtres et escaladerais les murailles les plus hautes pour atteindre les cimes de la solitude, ma seule demeure, mon refuge, mon miroir et le chemin de mes songes. »

« *16 avril.* Quelqu'un disait que " les voix résonnent autrement dans la solitude " ! Comment se parle-t-on dans une cage de verre vide et isolée ? A voix basse, à voix intérieure, tellement basse, tellement profonde, qu'elle se fait écho d'une pensée pas encore formulée.
» Je fais l'apprentissage du silence qui se retire de temps à autre pour faire place à l'écho de mes pensées secrètes qui me surprennent par leur étrangeté. »

« *16 avril, le soir.* J'ai dormi dans ma baignoire. J'aime la vapeur de l'eau, la brume qui recouvre les vitres de ma cage. Mes pensées s'amusent, se diluent dans cette eau évaporée et se mettent à danser comme de petites étincelles foraines. Les rêves qu'on fait dans cet état d'abandon sont doux et dangereux. Un homme est venu, il a traversé la brume et l'espace et a posé sa main sur mon visage en sueur. Les yeux fermés, je me laissais faire dans l'eau déjà tiède. Il passa ensuite sa main lourde sur ma poitrine, qui s'éveilla, plongea sa tête dans l'eau et la déposa sur mon bas-ventre, embrassant mon pubis. J'eus une sensation tellement forte que je perdis connaissance et faillis me noyer. Je me réveillai au moment où l'eau pénétra dans ma bouche entrouverte.

» J'étais secoué de tout mon être. Je me levai, me séchai et retrouvai mon lit, mes livres et mes obsessions. »

« *17 avril, matin*. Je suis encore sous le choc du rêve d'hier. Etait-ce un rêve ? Est-il réellement venu ? Ma capacité de résistance est incommensurable. J'ai perdu la langue de mon corps ; d'ailleurs je ne l'ai jamais possédée. Je devrais l'apprendre et commencer d'abord par parler comme une femme. Comme une femme ? Pourquoi ? Suis-je un homme ? Il va falloir faire un long chemin, retourner sur mes pas, patiemment, retrouver les premières sensations du corps que ni la tête ni la raison ne contrôlent. Comment parler ? Et à qui parlerai-je ? Tiens, mon correspondant ne m'a pas écrit. Il est trop sérieux. Oserai-je me montrer à lui un jour ? Il faut que je réponde à sa dernière lettre. Je n'ai pas envie d'écrire. Je vais laisser passer quelques jours. On verra s'il se manifeste. C'est lui qui est venu dans mon bain. J'ai reconnu sa voix, une voix intérieure, celle qui transparaît dans son écriture, elle est penchée comme les mots qu'il rature. Quand je relis certaines de ses lettres, je suis traversé par des frissons. On dirait que ses phrases me caressent la peau, me touchent aux endroits les plus sensibles de mon corps. Ah ! J'ai besoin de sérénité pour réveiller ce corps ; il est encore temps pour le ramener au désir qui est le sien.

» (...) Ce que dit ma conscience?... ma conscience..., elle n'a rien dit pendant tout ce temps-
là... Elle était ailleurs, endormie comme une pâte à
la levure de mauvaise qualité... Elle pourrait me
souffler à la bouche, comme pour ranimer une
noyée, " tu dois devenir qui tu es "..., elle pourrait
se lever... Mais elle est sous des couches lourdes
d'argile... et l'argile empêche de respirer..., j'ai une
conscience plâtrée... C'est amusant... Je pourrai
demain me présenter devant un juge et lui annoncer
fièrement que je porte plainte contre l'argile qui
pèse sur ma conscience et qui l'étouffe, ce qui
m'empêche de devenir ce que je suis ! Je vois d'ici la
tête ronde et éberluée du juge, pas plus corrompu
qu'un autre, mais je le choisirai parmi ceux dont la
corruption est la respiration naturelle... Un juge, ça
n'a pas d'humour et ça ne donne pas envie de rire...
Et, si je sortais, avec mon costume d'homme, je
suivrais le juge jusqu'à le coincer dans une porte
cochère obscure et l'embrasserais sur la bouche...
Ça me dégoûte, toutes ces images... Mes lèvres sont
tellement pures qu'elles se retourneront le jour où
elles se poseront sur d'autres lèvres... et pourquoi
iraient-elles se coller à d'autres lèvres... Pourtant,
dans mes rêves, je ne vois que des lèvres charnues
passer sur tout mon corps et s'arrêter longuement
sur mon bas-ventre... Cela me donne un plaisir
tellement fort que je me réveille... et découvre ma
main posée sur mon sexe... Laissons cela... Que dit
ma conscience ? Ouvre une fenêtre et regarde le
soleil en face... »

« *19 avril.* Triste journée. J'ai ouvert la fenêtre. Le ciel est dégagé. J'apprends à me regarder dans le miroir. J'apprends à voir mon corps, habillé d'abord, nu ensuite. Je suis un peu maigre. Mes seins sont tellement petits... Seules mes fesses ont quelque chose de féminin... J'ai décidé de m'épiler les jambes et de trouver les mots du retour. J'ai presque acquis le rythme et l'allure de ce retour. Ce sera le jour inversé dans une nuit sans étoiles. Je tisserai les nuits aux nuits et ne verrai plus le jour, sa lumière, ses couleurs et ses mystères.

» Je serais un sujet pour la fantaisie d'un cascadeur, la voix sur laquelle marcherait le funambule, le corps que ferait disparaître un prestidigitateur, le nom que prononcerait le Prophète, le buisson où se cacherait un oiseau... Je m'égare, mais depuis quelque temps je me sens libéré, oui, disponible pour être femme. Mais on me dit, je me dis, qu'avant il va falloir remonter à l'enfance, être petite fille, adolescente, jeune fille amoureuse, femme..., que de chemin..., je n'y arriverai jamais. »

« *20 avril.* Je vis maintenant en liberté surveillée par moi-même. Je me sens comme le chameau du philosophe qui avait un goût difficile et des désirs impossibles à contenter et qui disait :

" Si l'on me laissait choisir librement,
   Volontiers je choisirais une petite place,
   Au cœur du Paradis :
   Mieux encore — devant sa porte ! " »

« *20 avril* (*la nuit*). Projet de lettre : Ami, Vous devenez exigeant, pressant, inquiet. Je suis en pleine mutation. Je vais de moi à moi en boitant un peu, en hésitant, traînant mes pas comme une personne infirme. Je vais et ne sais quand ni où j'arrêterai ce voyage. Votre lettre m'a troublé. Vous savez beaucoup de choses sur moi et en vous lisant je vois mes habits tomber l'un après l'autre. Comment avez-vous pu pénétrer dans la cage du secret ? Croyez-vous que vos émotions sauront me réapprendre à vivre ? C'est-à-dire à respirer sans penser que je respire, à marcher sans penser que je marche, à poser ma main sur une autre peau sans réfléchir, et à rire pour rien comme l'enfance émue par un simple rayon de lumière ?...

» Comment vous répondre alors que je ne me suis pas encore retrouvé et que je ne connais que des émotions inversées, venant d'un corps trahi, réduit à une demeure vide, sans âme... ?

» Je suis volontairement coupé du reste du monde. Je me suis exclu moi-même de la famille, de la société et de ce corps que j'ai longtemps habité. Vous me parlez de vos perturbations physiques. N'est-ce pas de l'anticipation ? Mon plaisir est de vous deviner, de dessiner avec le temps les traits de votre visage, de recréer à partir de vos phrases votre corps ; votre voix, je la connais déjà ; elle est grave, légèrement enrouée, chaude quand vous vous laissez aller... Dites-moi si je me trompe. N'avez-vous jamais essayé de deviner la voix de l'absent, un philosophe, un poète, un prophète ? Je crois connaître la voix de notre Prophète, Mohammed. Je sais qu'il ne parlait pas beaucoup. Voix calme, posée, pure ; rien ne la trouble. Je vous parle de la voix parce que la mienne a subi une telle métamorphose qu'en ce moment j'essaie de retrouver son grain naturel. C'est difficile. Je reste silencieux et je crains que ma voix ne se perde, n'aille ailleurs. Je refuse de parler à voix haute tout seul. Mais je m'entends crier au fond de moi-même. Chaque cri est une descente en moi-même. Une descente, pas une chute. C'est presque une euphorie. Pouvoir crier et s'entendre... Glisser entièrement en soi, à l'intérieur de cette carcasse... Quand je lis un livre, je m'amuse à entendre la voix de l'auteur. Ce qui est étrange c'est que je confonds souvent la voix d'un homme avec celle d'une femme, celle d'un enfant avec celle d'un adulte. Votre voix m'arrive parfois enrobée de quelque chose de féminin, en fait tout dépend du moment où je vous lis. Lorsque je suis en colère et que mes yeux tombent sur une de vos lettres, c'est la voix douce et insupportable d'une femme que j'entends. Qui êtes-vous ? Ne me le dites jamais ! A bientôt.

» P.S. Vous déposerez dorénavant vos lettres chez le marchand de bijoux qui est juste en face de mon magasin. Je n'ai plus confiance en mon personnel. Mieux vaut être prudent !

» Avez-vous remarqué que le ciel en ce moment

100

est d'un mauve étrange ; c'est la pleine lune : tous les délires sont permis... »

« *22 avril.* J'ai oublié de donner la lettre à Malika pour qu'elle la dépose chez le bijoutier. J'oublie beaucoup de choses en ce moment. L'obscurité me convient pour réfléchir et, quand mes pensées s'égarent, c'est aux ténèbres que je m'accroche encore comme si quelqu'un me tendait une corde que je prends, et je me balance jusqu'à rétablir le calme en ma demeure. J'ai besoin de toute mon énergie pour me concentrer sur une question que j'ai évitée jusqu'à présent. Je n'ose pas en parler encore avec moi-même.

» Il est des silences qui sont autant de sanglots dans la nuit fermée sur la nuit.

» Je n'ai plus revu un corps nu de femme ou d'homme depuis mes séjours au hammam quand j'étais encore petit. Des corps viennent habiter certains de mes rêves ; ils me touchent, me caressent et s'en vont. Tout se passe dans les secrets du sommeil. En me réveillant, j'ai le goût de quelque chose qui m'a traversé et qui a laissé sur son passage des égratignures, comme si ma peau avait été griffée, sans douleur, sans violence. Je ne distingue jamais les visages. Corps d'homme ? Corps de femme ? Ma tête ne retient que des images confuses. Quand j'avais une vie extérieure, quand je sortais et voyageais, je remarquais combien ce peuple est affamé de sexe. Les hommes regardent les femmes en pétrifiant leur corps ; chaque regard

est un arrachage de djellaba et de robe. Ils soupè-
sent les fesses et les seins, et agitent leur membre
derrière leur gandoura.

» Il m'est arrivé d'entrevoir mon père, habillé, le
séroual baissé, donnant à ma mère la semence
blanche ; il est baissé sur elle, ne disant rien ; elle,
gémissant à peine. J'étais petit et j'ai gardé cette
image que j'ai retrouvée plus tard chez les animaux
de notre ferme. J'étais petit et pas dupe. Je savais la
couleur blanchâtre de la semence pour l'avoir vue
dans le hammam des hommes. J'étais petit et cela
me dégoûtait. J'avais entrevu cette scène ridicule ou
comique, je ne sais plus, et j'étais inconsolable. Ma
tristesse ne me laissait aucun répit. Je courais pour
oublier cette image et l'enterrer dans de la terre,
sous un amas de pierres. Mais elle revenait, agrandie, transformée, agitée. Mon père était dans une
position de plus en plus ridicule, gesticulant, balan-
çant ses fesses flasques, ma mère entourant son dos
avec ses jambes agiles, hurlant, et lui la frappant
pour la faire taire, elle, criait encore plus fort, lui
riait, ces corps mêlés étaient grotesques et moi, tout
petit, assis sur le bord du lit, tellement petit qu'ils
ne pouvaient pas me voir, petit mais réceptif, cloué
par une espèce de colle très forte de la même
couleur que la semence qu'éjecte mon père sur le
ventre de ma mère, j'étais tout petit et collé sur le
bois au bord du lit qui bougeait et grinçait ; mes
yeux étaient plus grands que mon visage ; mon nez
avait pris toutes les odeurs ; j'étouffais ; je toussais
et personne ne m'entendait... J'essayai de me

décoller, de me lever et de courir vomir et me cacher... Je tirai et je n'arrivai pas à bouger..., je tirai et m'accrochai, laissant sur le morceau de bois la peau de mes fesses..., je courais, mon derrière en sang, je courais en pleurant, dans un bois à la sortie de la ville, j'étais petit, et je sentais que l'énorme membre de mon père me poursuivait, il me rattrapa et me ramena à la maison... Je respirai, je respirai encore..., toutes ces images sont loin à présent...

» Ma tête est lourde. Où la poser. La déposer. La consigner ; la mettre dans une boîte en carton ronde où on range les chapeaux. La placer sur le velours bleu nuit. Délicatement. La couvrir d'un foulard en soie. Sans fleurs. Mettre un peu de coton ou un morceau de bois pour la caler. Passer la main sur les yeux pour les fermer. Peigner soigneusement les cheveux, ne pas tirer dessus. Calmement. Ne pas s'énerver. Marcher pieds nus. Attention de ne pas réveiller les objets, l'horloge cassée, un chien de faïence borgne, une cuiller en bois, un fauteuil triste, une table basse fatiguée, une pierre noire pour les ablutions dans le désert, ce lit, ces draps, cette chaise près de la fenêtre fermée (c'est la chaise de la nostalgie), ce tapis de prière... Oui, où en étais-je ? ma tête ! Je voudrais la perdre, ne serait-ce qu'une fois, j'attendrais, le corps ramassé sur lui-même, j'attendrais qu'on me la ramène dans un bouquet de roses imbibées de jasmin... Ah ! Si je devais me séparer de tout ce qui m'empêche de respirer et de dormir, il ne me

103

resterait rien... Je ne serais rien..., une pensée...,
peut-être une image froissée pour certains, un
doute pour d'autres.

» Ce n'est plus moi qui traverse la nuit... C'est elle
qui m'entraîne dans ses limbes... »

« *25 avril.* Sur le plateau du petit déjeuner, une
feuille de papier pliée en quatre. Un signe de mon
ami lointain :

» " Ressembler à soi-même, n'est-ce pas devenir
différent ? " Ainsi, je pars pour quelque temps. Je
m'éloigne de vous et me rapproche de moi-même.
Je suis réduit à une solitude absolue. Etranger au
sein de ma famille, je suis négligeable, absolument
négligeable. Singulier et isolé. Mes passions, vous
les connaissez : la fréquentation de quelques poètes
mystiques et la marche sur vos pas... J'enseigne à
des étudiants l'amour de l'absolu. Pauvre de moi !
Je vous écrirai plus longuement bientôt.

» A vous la lumière de ce printemps. »

« *Le matin même.* Je ne sais si c'est une chance ou
un piège de pouvoir partir, voyager, errer, oublier.
Depuis que je suis isolé dans cette chambre, je sors
et vois la ville par vos yeux et avec vos phrases. J'ai
besoin de voyager, loin d'ici. Vous savez bien que
ma patrie n'est pas un pays et encore moins une
famille. C'est un regard, un visage, une rencontre,
une longue nuit de silence et de tendresse. Je
resterai ici, immobile, à attendre vos lettres ; les
lire, c'est partir..., je serai une consigne où vous

déposerez votre journal de bord, page par page. Je les garderai avec amitié, avec amour. Je vous écrirai aussi et vous remettrai l'ensemble à votre retour. Nous nous échangerons nos syllabes en attendant que nos mains se touchent...

» Merci pour la lumière du printemps. Ami, ici je ne vois ni lumière ni printemps, mais moi-même contre moi-même dans l'éternel retour d'une passion impossible.

» Bonne route ! Et, si vous rencontrez une enfant aux yeux mouillés,

» Sachez que c'est un peu de mon passé qui vous embrasse. »

« *Mai*. J'ai perdu la notion du temps. Curieusement mon calendrier s'arrête fin avril. Des feuilles manquent. Une main les a retirées. Une autre les a choisies pour jeter un sort. Jouer avec le temps et prendre garde aux astres. Mon temps n'a rien à voir avec celui du calendrier, achevé ou non.

» J'ai eu l'idée ce matin d'adopter un enfant. Une idée brève qui est tombée avec la même rapidité qu'elle est arrivée. Un enfant ? Je pourrais en faire un, avec n'importe qui, le laitier, le muezzin, le laveur de morts..., n'importe qui pourvu qu'il soit aveugle... Pourquoi ne pas enlever un bel adolescent, lui bander les yeux et le récompenser par une nuit où il ne verra pas mon visage mais fera ce qu'il lui plaira de mon corps ? Pour cela il faudrait quelques complicités et je n'ai pas envie de courir le risque d'une révélation. Mon corps a depuis ces

105

temps-ci des désirs de plus en plus précis et je ne sais pas comment m'y prendre pour les satisfaire. Autre idée, saugrenue : vivre avec une chatte ! Au moins elle ne saura pas qui je suis, pour elle je serais une présence humaine, à la limite asexuée...

» J'ai choisi l'ombre et l'invisible. Voilà que le doute commence à entrer comme une lumière crue, vive, insupportable. Je tolérerai l'ambiguïté jusqu'au bout, mais jamais je ne donnerai le visage dans sa nudité à la lumière qui approche.

» J'ai appris que mes sœurs avaient quitté la maison. Elles sont parties l'une après l'autre ; ma mère s'est enfermée dans une des pièces et purge selon sa volonté un siècle de silence et de réclusion. La maison est immense. Elle est très usée ; elle tombe en ruine. Ainsi, moi je tiens un bout et ma mère un autre bout. Elle sait où je suis. Moi j'ignore où elle est. Malika nous sert et nous aide, chacun dans son épreuve.

» Est-ce la nuit dans la nuit ou le jour encore dans la nuit ? Quelque chose en moi frissonne. Ce doit être mon âme. »

10

Le conteur dévoré
par ses phrases

Compagnons fidèles ! Vous n'êtes pas nombreux à suivre avec moi l'histoire de cet homme ; mais qu'importe le nombre. Je sais pourquoi certains ne sont pas revenus ce matin : ils n'ont pas supporté la petite hérésie que s'est permise notre personnage. Il a osé détourner un verset du Coran. Mais c'est un être qui ne s'appartient plus. On l'a bien détourné de son destin, et, si, au moment où il traverse une crise, il prend quelque liberté avec un verset, un seul verset, sachons le lui pardonner ! Et puis nous ne sommes pas ses juges ; Dieu s'en occupera.

Quelque chose ou quelqu'un nous retient, en tout cas une main lourde et sereine nous lie les uns aux autres, nous procurant la lumière de la patience. Le vent du matin apporte la santé aux infirmes et ouvre les portes aux fidèles ; en ce moment, il tourne les pages du livre et réveille une à une les syllabes ; des phrases ou versets se lèvent pour dissiper la brume de l'attente. J'aime ce vent qui nous enveloppe et nous retire le sommeil des yeux. Il dérange l'ordre du texte et fait fuir des insectes collés aux pages grasses.

107

Je vois un papillon de nuit s'échapper des mots manuscrits. Il emporte avec lui quelques images inutiles. Je vois une hirondelle qui essaie de se dégager d'un magma de mots enduits de cette huile rare. Je vois une chauve-souris battre de l'aile au lointain du livre. Elle annonce la fin d'une saison, peut-être la fin d'une époque. Le vent qui feuillette le livre m'enivre ; il m'emmène sur le haut d'une colline ; je m'assieds sur une pierre et regarde la ville. Tout le monde semble dormir comme si la cité entière n'était qu'un immense cimetière. Et moi, en ce lieu inaccessible, je suis seul avec le livre et ses habitants. J'entends le murmure de l'eau ; c'est peut-être un ruisseau qui a trouvé son chemin dans les pages du livre ; il traverse les chapitres ; l'eau n'efface pas toutes les phrases ; est-ce l'encre qui résiste ou l'eau qui choisit ses passages ? C'est curieux ! J'ai souvent rêvé d'une main qui passerait sur les pages d'un ouvrage déjà écrit et qui ferait le propre à l'intérieur, effaçant l'inutile et le pompeux, le creux et le superflu !

Fragmentaire mais non dépourvu de sens, l'événement s'impose à ma conscience de tous les côtés. Le manuscrit que je voulais vous lire tombe en morceaux à chaque fois que je tente de l'ouvrir et de le délivrer des mots, lesquels empoisonnent tant et tant d'oiseaux, d'insectes et d'images. Fragmentaire, il me possède, m'obsède et me ramène à vous qui avez la patience d'attendre. Le livre est ainsi : une maison où chaque fenêtre est un quartier, chaque porte une ville, chaque page est une rue ; c'est une maison d'apparence, un décor de théâtre où on fait la lune avec un drap bleu tendu entre deux fenêtres et une ampoule allumée.

Nous allons habiter cette grande maison. Le soleil y est précoce et l'aube tumultueuse. C'est normal ; c'est l'heure de l'écriture, le moment où les pièces et les murs, les rues et étages de la maison s'agitent ou plutôt sont agités par la fabrication des mots qui viennent s'entasser, puis s'étaler, se mettre dans un certain ordre, chacun est, en principe, à sa place ; c'est l'heure des mouvements fébriles, des va-et-vient et des descentes abruptes. C'est une heure solennelle où chacun se recueille, médite et enregistre les signes frappés par les syllabes. La maison garde la façade sereine, à l'écart de cette agitation interne. Nous, nous serons à l'intérieur des murs dans la cour, dans la place ronde, et de ce cercle partiront autant de rues que de nuits que nous aurons à conter pour ne pas être engloutis par le flot des histoires qui, en aucun cas, ne devront mêler leur eau avant que l'aube ne pointe ! Nous aurons quelques moments de répit pour respirer et nous souvenir.

Nous sommes à présent entre nous. Notre personnage va se lever. Nous l'apercevons et lui ne nous voit pas. Il se croit seul. Il ne se sent pas épié. Tant mieux. Ecoutons ses pas, suivons sa respiration, retirons le voile sur son âme fatiguée. Il est sans nouvelles de son correspondant anonyme.

11

*L'homme
aux seins de femme*

Ma retraite a assez duré. J'ai dû dépasser les limites
que je m'étais imposées. Qui suis-je à présent ? Je n'ose
pas me regarder dans le miroir. Quel est l'état de ma
peau, ma façade et mes apparences ? Trop de solitude et
de silence m'ont épuisé. Je m'étais entouré de livres et
de secret. Aujourd'hui je cherche à me délivrer. De quoi
au juste ? De la peur que j'ai emmagasinée ? De cette
couche de brume qui me servait de voile et de couverture ? De cette relation avec l'autre en moi, celui qui
m'écrit et me donne l'étrange impression d'être encore
de ce monde ? Me délivrer d'un destin ou des témoins de
la première heure ? L'idée de la mort m'est trop familière pour m'y réfugier. Alors je vais sortir. Il est temps
de naître de nouveau. En fait je ne vais pas changer mais
simplement revenir à moi, juste avant que le destin
qu'on m'avait fabriqué ne commence à se dérouler et ne
m'emporte dans un courant.

Sortir. Emerger de dessous la terre. Mon corps
soulèverait les pierres lourdes de ce destin et se poserait
comme une chose neuve sur le sol. Ah ! L'idée de me
soustraire à cette mémoire me donne de la joie. J'avais

oublié la joie ! Quel soulagement, quel plaisir de penser que ce seront mes propres mains qui traceront le chemin d'une rue qui mènerait vers une montagne ! Je sais ! J'ai mis du temps pour arriver jusqu'à cette fenêtre ! Je me sens léger. Vais-je crier de joie ou chanter ? Partir et laisser cette vie défaite comme si quelqu'un venait de la quitter brusquement. Ma vie est comme ce lit et ces draps froissés par la lassitude, par les nuits longues, par la solitude imposée à ce corps. Je vais partir sans mettre de l'ordre, sans prendre de bagages, juste de l'argent et ce manuscrit, unique trace et témoin de ce que fut mon calvaire. Il est à moitié noirci. J'espère écrire des récits plus heureux dans l'autre moitié. J'empêcherai les bêtes funestes de s'y glisser et laisserai les pages ouvertes aux papillons et à certaines roses sauvages. Ils dormiront sur un lit plus doux où les mots ne seront pas des cailloux mais des feuilles de figuier. Ils sécheront avec le temps sans perdre les couleurs ni les parfums.

J'ai enlevé les bandages autour de ma poitrine, j'ai longuement caressé mon bas-ventre. Je n'ai pas eu de plaisir ou, peut-être, j'ai eu des sensations violentes, comme des décharges électriques. J'ai su que le retour à soi allait prendre du temps, qu'il fallait rééduquer les émotions et répudier les habitudes. Ma retraite n'a pas suffi ; c'est pour cela que j'ai décidé de confronter ce corps à l'aventure, sur les routes, dans d'autres villes, dans d'autres lieux.

Ma première rencontre fut un malentendu. Une vieille femme, mendiante ou sorcière, vagabonde rusée, enveloppée de haillons de toutes les couleurs, l'œil vif et le regard troublant, se mit sur mon chemin, dans une de ces ruelles étroites, tellement étroite et sombre qu'on l'a surnommée Zankat Wahed : la rue d'un seul. Elle me barrait le passage. Ce n'était pas difficile. Il suffisait de se mettre en travers et d'étendre un peu les bras, comme pour retenir les murs. Elle cachait la lumière et empêchait l'air de passer. Ainsi, dans ses premiers pas sans masque, mon corps qui se voulait anonyme et quelconque sous la djellaba affrontait l'épreuve matinale face à un visage buriné et intransigeant.

La question fut incisive :

— Qui es-tu ?

J'aurais pu répondre à toutes les questions, inventer, imaginer mille réponses, mais c'était là la seule, l'unique question qui me bouleversait et me rendait littéralement muette. Je n'allais pas entrer dans les détails et raconter ce que fut ma vie. De toute façon la vieille se doutait de quelque chose. Son regard n'avait rien d'innocent. Il scrutait, déshabillait, mettait à l'épreuve ; il savait tout en doutant. Il cherchait une confirmation. Il vérifiait et s'impatientait. La question revint avec le même ton autoritaire :

— Que caches-tu sous ta djellaba, un homme ou une femme, un enfant ou un vieillard, une colombe ou une araignée ? Réponds, sinon tu ne sortiras pas de cette rue, d'ailleurs ce n'est pas une rue mais une impasse ; j'en détiens les clés et je filtre l'air et la lumière qui la traversent.

— Tu sais bien qui je suis, alors laisse-moi passer.

— Ce que je sais t'importe peu ! Mais je veux

t'entendre te prononcer sur qui tu es vraiment... Je ne veux pas de nom, je désire l'invisible, ce que tu caches, ce que tu emprisonnes dans ta cage thoracique.

— Je ne le sais pas moi-même... Je sors à peine d'un long labyrinthe où chaque interrogation fut une brûlure..., j'ai le corps labouré de blessures et de cicatrices... Et pourtant c'est un corps qui a peu vécu... J'émerge à peine de l'ombre...

— L'ombre ou l'obscurité des ténèbres ?

— La solitude, le silence, l'affreux miroir.

— Tu veux dire la passion...

— Hélas oui ! la passion de soi dans l'épaisse et pesante solitude.

— Alors ce corps, puisque tu ne peux le nommer, montre-le.

Comme j'hésitai, elle se précipita sur moi et, de ses mains fortes, déchira ma djellaba, puis ma chemise. Apparurent alors mes deux petits seins. Quand elle les vit, son visage devint doux, illuminé par un éclair troublant où se mêlaient le désir et l'étonnement. Doucement, elle passa ses mains sur ma poitrine, approcha de moi sa tête et posa ses lèvres sur le bout du sein droit, l'embrassa, le suça. Sa bouche n'avait pas de dents ; elle avait la douceur des lèvres d'un bébé. Je me laissai faire puis réagis violemment, la repoussant de toutes mes forces. Elle tomba et je pris la fuite en essayant de refermer ma djellaba.

Cette rencontre n'eut pas de suite, du moins pas dans l'immédiat. Cependant, ce qui se passa après me troubla beaucoup. Dois-je en parler ? J'ai du mal à l'écrire. Je veux dire, j'ai honte. Je sens mes joues rougir à l'idée de me souvenir de cette journée où tout se précipita dans mon esprit et où mes émotions furent secouées. La sensation physique que j'éprouvai aux caresses de cette bouche édentée sur mon sein fut, même si elle ne dura que quelques secondes, du plaisir. J'ai honte de l'avouer. La nuit je dormis dans une chambre d'hôtel luxueux pour essayer d'oublier. Mais je fus poursuivie par l'image de ce visage presque noir qui me souriait comme pour me rappeler un souvenir dans une autre vie. La femme boitait. Je ne l'avais pas remarqué. Sa voix ne m'était pas tout à fait étrangère ; elle faisait partie de mon enfance. Alors le visage de ma mère folle et amnésique s'imposa à moi toute la nuit. Il se substitua peu à peu à celui de la vieille et j'eus mal. Je m'étais inscrite à l'hôtel sous mon identité officielle. Mais je remarquai le regard inquiet du concierge. Mes phrases restèrent inachevées. Je m'étendis sur le lit, nue, et essayai de redonner à mes sens le plaisir qui leur était défendu. Je me suis longuement caressé les seins et les lèvres du vagin. J'étais bouleversée. J'avais honte. La découverte du corps devait passer par cette rencontre de mes mains et de mon bas-ventre. Doucement mes doigts effleuraient ma peau. J'étais tout en sueur, je tremblais et je ne sais pas encore si j'avais du plaisir ou du dégoût. Je me lavai puis me mis en face du miroir et regardai ce corps. Une buée se forma sur la glace et je me vis à peine. J'aimais cette image trouble et floue ; elle correspondait à l'état où baignait mon âme. Je me rasai les poils sous les aisselles, me parfumai et me remis au lit comme si je recherchais une sensation oubliée ou une émotion libératrice. Me délivrer.

Ces caresses devant le miroir devinrent une habitude, une espèce de pacte entre mon corps et son image, une image enfouie dans un temps lointain et qu'il fallait réveiller en laissant les doigts toucher à peine ma peau. J'écrivais avant ou après la séance. J'étais souvent à bout d'inspiration, car je découvris que les caresses accompagnées d'images étaient plus intenses. Je ne savais pas où aller les chercher. J'avais beau en inventer quelques-unes, il m'arrivait de rester en panne, comme il m'arrivait aussi de rester des heures devant la page blanche. Mon corps était cette page et ce livre. Pour le réveiller, il fallait le nourrir, l'envelopper d'images, le remplir de syllabes et d'émotions, l'entretenir dans la douceur des choses et lui donner du rêve.

J'étais de nouveau enfermée. Je n'arrivais pas à oublier ma première rencontre. Elle m'obsédait et j'en avais peur. Mais à aucun prix je ne devais abandonner ni revenir sur ma décision. La rupture avec la famille était dans l'ordre des choses. Nécessaire. Utile. La rupture avec moi-même n'était dans aucun ordre, pas même celui que je m'imposais. En fait, j'improvisais, j'allais au hasard, au-devant d'un destin dont je soupçonnais à peine la violence.

Je ne me souviens plus dans quelle ville j'étais. Je me rappelle à présent la mer et des murailles très anciennes, des barques de pêcheurs, peintes en bleu et en rose, des navires rongés par la rouille et le temps, une île aux oiseaux rares, île interdite, un marabout, à la sortie de la ville, que hantent les femmes stériles, des rues blanches, des murs fissurés, un vieux juif somnolant à la terrasse du grand café, l'un des derniers juifs de la médina, des

116

touristes mal habillés, des gosses très malins, un cimetière marin, des tables dressées sur le port où l'on mange
des sardines grillées. Deux hommes raccommodent les
mailles d'un filet de pêche, ils sont assis par terre, les
jambes croisées, ils se parlent, des phrases me reviennent :

— Tel est le temps...

— L'époque et ceux qui en sont maîtres...

— Les femmes...

— Elles ne sont plus femmes..., elles sont dehors...,
elles sont dedans..., les yeux ouverts..., la ceinture
serrée...

— Ce filet et ses mailles n'y pourront rien...

— Et les hommes ?

J'ai oublié ce que l'autre lui a répondu. Peut-être rien.
Un silence rempli par les vagues et le vent.

Ce fut sans doute dans cette ville gouvernée par la nuit
et la brume que j'ai rencontré Oum Abbas. Elle était
venue me chercher comme si elle avait été envoyée par
quelqu'un. C'était au début d'une nuit chaude. Sa main
se posa sur mon épaule alors que j'étais sur la terrasse du
seul café de la ville. Elle me dit :

— Un des compagnons du Prophète m'a mis sur tes
pas. Cela fait longtemps que je suis à ta recherche. Ne
dis rien. Laisse-moi deviner ta parole.

J'étais ahurie et préférais effectivement le silence. Elle
tira une chaise et s'assit tout près de moi. Un parfum de
grains de girofle m'inonda ; une odeur détestable, d'autant qu'elle était mêlée à la sueur. Elle se pencha sur moi
et me dit :

117

— Je te connais.

J'essayai de m'éloigner un peu, mais sa main m'agrippa et me retint prisonnière. Pousser un cri ? Non. Appeler au secours ? Et pourquoi donc ? Elle me lâcha le bras et me dit sur un ton ferme :

— Tu vas me suivre !

Je ne feignis même pas de résister, pouvais-je échapper à cet appel ? Etait-ce possible de contourner le destin ? Et puis, c'était peut-être cela, le début de l'aventure.

Quel était l'aspect physique de cette vieille messagère ? Quelle image attribuer à son visage ? Celle de la bonté, celle de la malice, celle de la méchanceté ? Disons qu'elle avait les dents de devant proéminentes et qu'elles tombaient sur la lèvre inférieure meurtrie, son front était petit, barré de rides verticales, ses joues étaient creuses, mais dans ses yeux brillait une flamme d'intelligence.

J'étais disponible, décidée à me laisser faire et à laisser venir les choses. Je la suivis en silence. Arrivée à une ruelle sombre, elle me coinça contre le mur et se mit à me fouiller. Je compris vite qu'elle ne cherchait ni argent ni bijoux. Ses mains tâtaient mon corps comme pour vérifier une intuition. Ma poitrine minuscule ne la rassura point, elle glissa sa main dans mon séroual et la laissa un instant sur mon bas-ventre, puis introduisit son médium dans mon vagin. J'eus très mal. Je poussai un cri qu'elle étouffa en mettant l'autre main sur ma bouche, puis me dit :

— J'avais un doute.

— Moi aussi ! dis-je entre les lèvres.

Le cirque forain était installé à la sortie de la ville,

118

juste à côté d'une immense place où des conteurs et des charmeurs de serpents évoluaient à longueur d'années devant un public nombreux et fidèle.

Il y avait une foule massée devant des tréteaux où un animateur incitait les gens à acheter un billet de loterie ; il hurlait dans un micro baladeur des formules mécaniques dans un arabe mêlé à quelques mots en français, en espagnol, en anglais et même à une langue imaginaire, la langue des forains rompus à l'escroquerie en tout genre :

— Errrrbeh... Errrrbeh... un million... mellioune... talvaza bilalouane... une télévision en couleurs... une Mercedes... Errrrbeh ! mille... trois mille... Arba Alaf... Tourne, tourne la chance... Aïoua ! Krista... l'Amour-rrre... Il me reste, baqali Achr'a billetat... Achr'a... Aïoua... Encore... L'Aventurrrre... la roue va tourner... Mais avant... avant vous allez voir et entendre... Tferjou we tsatabou raskoum fe Malika la belle... elle chante et danse Farid El Atrach ! ! Malika !

De derrière l'étagère où étaient disposés les objets, les lots à gagner, sortit Malika. Elle avait une barbe de quelques jours et une superbe moustache qui tombait sur des lèvres où le rouge vif avait été mal mis ; Malika portait un caftan passé de mode et une ceinture tressée de fils en or, on voyait bien que sa poitrine était faite avec des chiffons mal ajustés. Elle dansait sur la musique de Farid El Atrach. En avançant un peu on pouvait apercevoir ses jambes poilues. Elle s'empara du micro de l'animateur, fit quelques pas en jouant des hanches. La foule poussa un cri d'émerveillement. Et pourtant personne n'était dupe. Malika était bien un homme. Il y avait quelque chose d'étrange et en même temps de

119

familier : une complicité unissait tout ce monde dans la bonne humeur et le rire. L'homme dansait la danse des femmes, chantant en play-back Farid El Atrach, excitant les hommes dans la foule, faisant des clins d'œil aux uns, envoyant des baisers sur la main à d'autres...

J'avais déjà entendu parler de ces spectacles forains où l'homme joue à la danseuse sans se faire réllement passer pour une femme, où tout baigne dans la dérision, sans réelle ambiguïté. Il y eut même un acteur célèbre à la voix et l'allure particulièrement masculine et virile qui ne jouait que des rôles de femmes, le genre mégère, dominant l'homme et le rendant ridicule. Il s'appelait Bou Chaïb et n'avait aucune grâce. Lorsqu'il mourut, son fils aîné essaya de reprendre ses rôles mais n'eut pas de succès.

Abbas, le fils de la vieille, vint vers moi et me fit signe de le suivre. Malika ne dansait plus mais arrangeait sur scène les chiffons au niveau de la poitrine. Elle avait une cigarette au coin des lèvres et clignait de l'œil pour éviter la fumée. Abbas, c'était l'animateur et le patron. En me parlant, il ne roulait plus les r :

— Nous sommes des nomades, notre vie a quelque chose d'exaltant mais elle est pleine d'impasses. Tout est faux, et c'est ça notre truc, on ne le cache pas ; les gens viennent pour ça, pour Malika qui n'est pas plus une danseuse des mille et une nuits que moi je ne suis un marin balafré, ils viennent pour la loterie ; la roue qui tourne est truquée, ils le soupçonnent mais acceptent le jeu ; seul l'âne qui fume et fait le mort est vrai ; c'est un âne que j'ai dressé et qui me coûte cher car je le nourris bien. Les gamins acrobates sont tous des orphelins et moi je suis leur père et leur frère ; quand ils m'énervent je les bats, c'est ainsi. Dans ce pays, tu réprimes ou tu es réprimé. Alors je frappe et domine. C'est ainsi. A prendre ou à laisser. Ma mère n'est pas une sorcière malgré son apparence. C'est une sainte. Elle dirige l'affaire, lit les cartes et me trouve les artistes. C'est elle qui m'avait amené Malika ; mais cet imbécile nous abandonne. Sa femme l'a menacé de le quitter. Il s'en va. Et c'est toi qui vas le remplacer. On va changer le style du numéro : tu te déguiseras en homme à la première partie du spectacle, tu disparaîtras cinq minutes pour réapparaître en femme fatale... Il y a de quoi rendre fou tous les hommes de l'assistance. Ça va être excitant..., je vois ça d'ici..., un vrai spectacle avec une mise en scène, du suspens et même un peu de nu, pas beaucoup, mais une jambe, une cuisse..., c'est dommage, tu n'as pas de gros seins... Ici les hommes adorent les grosses poitrines et les gros culs... Tu es trop mince... Ce n'est pas grave !... On va travailler les gestes et les sous-entendus ! Tu commences demain. Il arrive parfois que des hommes s'excitent et jettent sur la danseuse des billets de banque. Tu les ramasses et tu me les donnes. Pas d'histoire !

Tout le long de ce discours, je ne dis rien. J'étais intriguée et fascinée. J'émergeais lentement mais par secousses à l'être que je devais devenir. J'avais des frissons. C'était cela l'émotion d'un corps convoqué par une autre vie, de nouvelles aventures. Je dormis dans une roulotte. Autour de moi, je reconnus les gamins acrobates qui étaient très discrets. Il y avait l'odeur de la paille et de la terre imbibée d'urine. Elle était tellement

forte qu'elle m'assomma. La nuit fut longue et lourde.
Rêve sur rêve. Têtes de chevaux calcinées dans le sable.
Main ouverte mangée par des fourmis rouges. Chant sur
chant sans musique ni harmonie. Un homme au crâne
rasé unijambiste fouette un arbre. Une rue qui monte et
se perd dans le ciel du crépuscule. Les gamins acrobates
montent les uns sur les autres et forment une chaîne
pyramidale. Ils ne jouent pas mais aident un vieillard
asthmatique à monter au ciel ; ils prétendent pouvoir le
déposer au seuil du paradis. La pyramide est haute. Je
n'en vois pas le sommet ; un nuage le coiffe. Le corps
menu du malade passe de main en main. Il est heureux.
C'est par ce chemin qu'il désirait partir. Il ne voulait pas
que l'âme monte au ciel sans lui. Les gamins rient. Le
patron mène l'opération avec son micro baladeur. Une
mort douce comme celle des oiseaux qui se perdent dans
le ciel. Le vieillard tend un mouchoir et l'agite pour un
dernier salut. Il est léger et souriant. Puis le silence. Le
patron a disparu. Les gamins redescendent les uns après
les autres, les habits du vieillard dans les mains. Mission
accomplie. La dernière fois ils ont ainsi envoyé au ciel le
grand-père du patron. Ils disent que là-haut il fait doux.
Ils le déposent sur une nappe de nuages assez épaisse et
attendent que d'autres mains viennent le reprendre. Ils
n'ont pas le droit d'en dire plus ; et, de toute façon, ils
n'en savent rien. Eux se contentent de former l'échelle et
d'assurer le transport. Le reste n'est pas de leur ressort.

Cette première nuit fut interminable. L'odeur suffo-
cante des chevaux qui urinent sur la paille a dû provoquer en moi ces visions dont je n'ai retenu que les plus
marquantes. Je me suis souvenue le lendemain d'un

visage fardé, celui d'un homme pleurant, faisant couler son rimmel sur sa barbe drue et sa moustache. Il pleurait sans raison et voulait que je lui donne le sein comme un enfant sevré trop tôt. Quand il s'approcha de moi je reconnus la vieille qui m'entraîna dans cette histoire ; elle s'était déguisée en Malika et pleurait vraiment.

Bousculée, rudoyée, je résistais gagnant ainsi ma part d'oubli.

Le matin je fis quelques essais sur les tréteaux. La vieille me colla la moustache qu'elle portait dans mon rêve et saupoudra mes joues d'un produit noir pour faire de la barbe. Le caftan était vieux et surtout très sale. Il gardait en lui plusieurs épaisseurs de mauvais parfum. Elle m'appela Zahra « Amirat Lhob », princesse d'amour. Je jouais et suivais les ordres ; ma curiosité me poussait à aller encore plus loin. Je ne saurais peut-être rien de cette « famille d'artistes » mais j'espérais beaucoup en savoir plus sur moi-même.

Je n'avais pas d'appréhension. Au contraire, je jubilais, heureuse, légère, rayonnante.

12

La femme
à la barbe mal rasée

Vers l'arrière, non de la scène, mais de cette histoire, un ruban large et multicolore se déploie ; gonflé par le vent, il se fait oiseau transparent ; il danse sur la pointe ultime de l'horizon comme pour rendre à cette aventure les couleurs et les chants dont elle a besoin. Quand le vent n'est qu'une brise d'été, le ruban flotte au rythme régulier d'un cheval qui va à l'infini ; sur le cheval un cavalier avec un grand chapeau sur lequel une main a déposé des épis, des branches de laurier et des fleurs sauvages. Lorsqu'il s'arrête là-bas, là où l'on ne distingue plus le jour de la nuit, sur ces terres où les pierres ont été peintes par les enfants, où les murs servent de lit aux statues, là, dans l'immobilité et le silence, sous le seul regard des jeunes filles aimantes, il devient arbre qui veille la nuit. Le matin, les premiers rayons de lumière entourent l'arbre, le déplacent, lui donnent un corps et des souvenirs, puis le figent dans le marbre d'une statue aux bras chargés de feuillage et de fruits. Tout autour, un espace blanc et nu où toute chose venue d'ailleurs fond, devient sable, cristaux, petites pierres ciselées. En face de la statue du matin, un grand miroir déjà ancien ; il ne renvoie pas l'image de la statue mais celle de l'arbre, car c'est un objet qui se souvient. Le temps est celui de cette nudité embrasée par la lumière. L'horloge est une mécanique sans âme ; elle est arrêtée, altérée par la rouille et l'usure, par le temps, respiration des hommes.

Amis ! Le temps est ce rideau qui tout à l'heure tombera sur le spectacle et enveloppera notre personnage sous un linceul.

Compagnons ! La scène est en papier ! L'histoire que je vous conte est un vieux papier d'emballage. Il suffirait d'une allumette, une torche, pour tout renvoyer au néant, à la veille de notre première rencontre. Le même feu brûlerait les portes et les jours. Seul notre personnage serait sauf ! Lui seul saurait trouver dans le tas de cendres un abri, un refuge et la suite de notre histoire.

Il parle dans son livre d'une île. C'est peut-être sa nouvelle demeure, l'arrière-pays, l'arrière-histoire, l'étendue ultérieure, l'infinie blancheur du silence.

Notre personnage — je ne sais comment le nommer — devint la principale attraction du cirque forain. Il attirait les hommes et les femmes et rapportait beaucoup d'argent au patron. Il était loin de sa ville natale et sa disparition n'affecta en rien la grande maison en ruine. Il dansait et chantait. Son corps trouvait une joie et un bonheur d'adolescent amoureux. Elle se cachait pour écrire. La vieille la surveillait. Abbas la protégeait. Tantôt homme, tantôt femme, notre personnage avançait dans la reconquête de son être. Il ne dormait plus avec les acrobates mais dans la roulotte des femmes ; elle mangeait et sortait avec elles. On l'appelait Lalla Zahra. Elle aimait bien ce prénom. Pas de nostalgie ; elle repoussait le flot des souvenirs. La rupture avec le passé n'était pas facile. Alors elle inventait ces espaces blancs où d'une main elle lançait des images folles et de l'autre les habillait du goût de la vie, celle dont elle rêvait.

Elle aspirait au calme et à la sérénité — surtout pour écrire.

Une nuit, alors qu'elle rentrait sur scène, elle trouva, posée sur son lit de paille, une lettre :

« Lalla, ainsi, l'évidence est une vitre embuée. Même le soleil — cette lumière qui vous éblouit le soir — a la nostalgie de l'ombre.

» Alors que je devais partir et même disparaître, c'est vous qui avez pris la route de l'exil. Depuis que je vous ai reconnue, je suis dans la foule tous les soirs. Je vous regarde, je vous observe et je m'éloigne. Je ne voudrais pas vous gêner ni vous importuner par l'éclat de mes émotions. Sachez que je ne vous suis pas pour vous espionner ; je vous suis pour avoir l'illusion d'accéder à l'inaccessible.

» Humblement, fidèlement vôtre.

» Vous pouvez m'écrire et me laisser la lettre à la caisse, avec dessus l'adjectif " Al Majhoul ". Ce ne sera jamais moi qui viendrai la chercher, mais quelqu'un d'autre.

Bonne nuit. »

Elle était bouleversée. Cela faisait longtemps que l'Anonyme ne s'était manifesté. En face d'elle, la vieille faisait semblant de dormir. Sur un tabouret il y avait un cendrier et un verre d'eau contenant le dentier de la vieille. Lalla Zahra était assise sur le lit, plongée dans la réflexion. Une main tâtonnante s'introduisit dans le verre et s'empara des dents. La vieille désirait savoir ce qui s'était passé :

— Qui t'a écrit ?

— Personne !

— Et cette lettre ?

— Je ne sais pas d'où elle vient ni qui l'a écrite.

— Attention ! Pas d'histoire. Si un admirateur se présente, je sais comment le renvoyer chez lui.

— C'est ça ! Ça doit être un fou qui me poursuit. Or, je ne connais ici personne.

— C'est simple. Si c'est un homme, tu es un homme ; si c'est une femme, je m'en chargerai !

Elle retira son dentier et le remit dans le verre. Lalla ferma les yeux et essaya de dormir.

Docile et soumise, Lalla Zahra purgeait ainsi une longue saison pour l'oubli. Elle ne contrariait jamais la vieille et gardait précieusement pour la nuit ses pensées. Elle écrivait en cachette, pendant le sommeil des autres, notait tout sur des cahiers d'écolier. Elle parvenait à éloigner d'elle son passé mais non à l'effacer. Quelques images fortes se maintenaient vives et cruelles dans son esprit : le père autoritaire ; la mère folle ; l'épouse épileptique.

13

Une nuit sans issue

Je les sens là, présents, derrière moi, me poursuivant de leurs rires sarcastiques, me jetant des pierres. Je vois d'abord mon père, jeune et fort, avançant vers moi, un poignard à la main, décidé à m'égorger ou bien à me ligoter et m'enterrer vivante. J'entends sa voix rauque et terrible revenir de loin, sans s'énerver, pour remettre de l'ordre dans cette histoire. Il parle de trahison et de justice. Lorsque je l'entends, je ne le vois plus. Son image disparaît ou se cache derrière les murs. Et ce sont les objets qui parlent : l'arbre le plus proche ou même la statue chancelante posée comme une erreur au milieu d'un carrefour. La voix s'approche ; elle fait vibrer les verres sur la table ; c'est le vent qui la transporte et me tient prisonnière. Je ne peux la fuir ; je suis là et je l'écoute :

« Avant l'Islam, les pères arabes jetaient une naissance femelle dans un trou et la recouvraient de terre jusqu'à la mort. Ils avaient raison. Ils se débarrassaient ainsi du malheur. C'était une sagesse, une douleur brève, une logique implacable. J'ai toujours été fasciné par le courage de ces pères ; un courage que je n'ai jamais eu. Toutes les filles que ta mère a déposées méritaient ce sort. Je ne les ai pas enterrées parce qu'elles n'existaient pas pour moi. Toi, ce fut différent. Toi, ce fut un défi. Mais tu as trahi. Je te poursuivrai jusqu'à la mort. Tu n'auras point de paix. La terre humide tombera tôt ou tard sur ton visage, s'introduira dans ta bouche ouverte, dans tes narines, dans tes poumons. Tu retourneras à la terre et tu n'auras jamais existé. Je reviendrai, et de mes mains j'entasserai la terre sur ton corps... Ahmed, mon fils, l'homme que j'ai formé, est mort, et toi tu n'es qu'usurpatrice. Tu voles la vie de cet homme ; tu mourras de ce vol... Du fond de mon exil, je ne cesse de prier, avec les paupières déjà lourdes, avec les pensées déjà figées, arrêtées en cet instant où tu abandonnes la demeure et le corps, où tu oublies l'amour et le destin, la passion de ce destin que ma volonté a forgé, mais tu n'en fus pas digne... »

A la voix du père succède non la voix mais la seule image fixe, agrandie, hideuse, l'image d'un visage ravagé par la maladie, celui de la mère. Elle me regarde et me fige sur place. Je crois que ses lèvres bougent mais aucun son n'en sort. Ses rides se déplacent et lui donnent une expression de grande hilarité. Ses yeux sont blancs comme si le ciel les avaient retournés. J'y ai même entrevu quelque tendresse, une sorte de fatalité de vaincu, une blessure errante qui s'installe tantôt dans le cœur, tantôt sur les parties visibles du corps. La voix du mari, cela fait longtemps qu'elle ne l'entend plus. Elle avait bouché ses oreilles avec de la cire brûlante, elle avait souffert mais préférait le silence définitif à cette voix sans âme, sans indulgence, sans pitié. La folie avait

commencé avec cette surdité, « une petite mort », disait-
elle, mais à l'époque je ne comprenais pas ce geste ni son
mutisme. Défigurée, elle avait renoncé à tout. Comme
elle ne savait ni lire ni écrire, elle passait son temps
enfermée dans une chambre noire où elle murmurait des
choses incompréhensibles. Ses filles l'avaient abandonnée. Moi, je l'avais ignorée. Maintenant, je ne sais que
faire.

L'obscure matière mi-vivante, mi-morte est là comme
un fluide assoupi dans la nuit, que le moindre bruit
réveille, agite, retourne et hallucine. Je suis là, les yeux
ouverts pour ne plus voir ce visage sombre, je soupire
mais j'entends le corps de ma mère haleter. Je ferme les
yeux ; je suis cernée par une lumière brutale, confrontée
avec l'image de cette femme qui souffre ; je suis impuis-
sante, incapable de bouger, et surtout il m'est impossible
d'ouvrir les yeux pour échapper à cette vision.

Je sais que ce visage sera toujours là tant que ma mère
souffrira, avant qu'une main sereine et bonne ne vienne
la délivrer de cette prison où lentement on l'a enfermée,
où elle-même a creusé une tombe, où elle s'est couchée,
attendant la mort ou un moineau messager du Paradis,
enveloppée de silence, voulant être le témoin et la
victime d'une vie qu'elle n'a pu vivre, le martyre d'une
époque qui l'a humiliée, blessée et simplement niée.

Il est des femmes dans ce pays qui enjambent tous les
ordres, dominent, commandent, guident, piétinent : la
vieille Oum Abbas. Les hommes la redoutent et pas
seulement son fils. Elle prétend avoir eu deux maris
simultanément ; elle m'a même montré un jour deux
actes de mariage où ne figure pas le divorce. Chose rare

et étrange, mais quand on la connaît un peu cela ne paraît point étonnant.

J'évoque aussi la figure de ce tempérament fort et brutal pour amadouer la présence de ma mère dans cette obscurité troublante. Comment lui échapper ? La réponse s'impose à moi : par l'amour. Impossible. La pitié peut-être, pas l'amour.

Une haie de roseaux très verts me soulève : un jardin, porté par des fougères et autres verdures, vient jusqu'à moi, dans cette nuit sans issue. Il pousse un peu le visage de la mère sans le faire disparaître et m'inonde d'un flot de lumière et de parfum. Je respire profondément sachant que ce n'est qu'un intermède dans mon épreuve. L'herbe a pénétré partout dans l'espace où je suis assise, soumise non à des fantômes mais à des êtres qui réclament justice, amour, souvenir.

Lorsque le jardin s'est lentement retiré, je me suis trouvée dans un territoire nu, avec, momentanément apaisée, la mère. Dans un coin, à peine éclairé, une petite voiture de malade. Je la vois de dos. Peut-être qu'elle est inoccupée. Je ne bouge pas. J'attends. Inutile de provoquer le malheur. Il est assez fort pour se déplacer et venir me cerner. Le fauteuil roulant s'approche. Je vois un front marqué par de nombreuses césures verticales ; la bouche un peu tordue dans le rictus de la fin, la marque du dernier cri ; le corps menu et raide ; les yeux sont ouverts et fixent un point indéterminé. La petite voiture s'éloigne, fait un tour, dessine des cercles, s'arrête, recule, puis fonce sur moi. Je tends les mains pour la stopper ; elle freine puis repart. On dirait qu'elle est dirigée par une main cachée ou qu'elle est remontée automatiquement. J'assiste au manège sans rien dire. J'essaie de reconnaître la personne qui s'amuse ainsi, mais le mouvement est tellement rapide que je ne perçois que des éclairs indéfinis. Je pense à Fatima et je revois sa dépouille. Le front n'est pas le sien. La mort l'a changée. Elle vogue à présent sur une lagune qui a inondé le territoire blanc et nu. Elle ne parle pas. Je n'arrive pas à comprendre le sens de cette agitation.

14

Salem

Cela fait huit mois et vingt-quatre jours que le conteur a disparu. Ceux qui venaient l'écouter ont renoncé à l'attendre. Ils se sont dispersés depuis que le fil de cette histoire qui les réunissait s'est rompu. En fait le conteur, comme les acrobates et autres vendeurs d'objets insolites, avait dû quitter la grande place que la municipalité, sous l'instigation de jeunes urbanistes technocrates, a « nettoyée » pour y construire une fontaine musicale où, tous les dimanches, les jets d'eau jaillissent sous l'impulsion des Bo-Bo-Pa-Pa de la *Cinquième Symphonie* de Beethoven. La place est propre. Plus de charmeurs de serpents, plus de dresseurs d'ânes ni d'apprentis acrobates, plus de mendiants montés du Sud à la suite de la sécheresse, plus de charlatans, plus d'avaleurs de clous et d'épingles, plus de danseurs ivres ni de funambules unijambistes, plus de djellabas magiques aux quinze poches, plus de gamins simulant l'accident sous un camion, plus d'hommes bleus vendant des herbes et du foie de hyène pour jeter le sort, plus d'anciennes putains reconverties dans la voyance, plus de tentes noires fermées sur le mystère à garder précieusement au fond de la mémoire, plus de joueurs de flûte qui charment les jeunes filles, plus de boutiques où l'on mange des têtes de mouton cuites à la vapeur, plus de chanteurs édentés et aveugles qui n'ont pas de voix mais qui s'entêtent à chanter l'amour fou de Qaïss et Leila, plus de montreurs d'images érotiques aux fils de bonne famille, la place s'est vidée. Elle n'est plus une place tournante. Elle est juste un lieu propre pour une fontaine inutile. On a déplacé aussi la gare routière à l'autre bout de la ville. Seul le Club Méditerranée est resté à sa place.

Le conteur est mort de tristesse. On a trouvé son corps près d'une source d'eau tarie. Il serrait contre sa poitrine un livre, le manuscrit trouvé à Marrakech et qui était le journal intime d'Ahmed-Zahra. La police laissa son corps à la morgue le temps réglementaire, puis le mit à la disposition de la faculté de médecine de la capitale. Quant au manuscrit, il brûla avec les habits du vieux conteur. On ne saura jamais la fin de cette histoire. Et pourtant une histoire est faite pour être racontée jusqu'au bout.

C'est ce que se disent Salem, Amar et Fatouma, tous trois âgés et désœuvrés et qui se retrouvaient, depuis le nettoyage de la place et la mort du conteur, dans un minuscule petit café en retrait, que le bulldozer de la municipalité a épargné parce qu'il appartient au fils du mokadem.

Ils étaient les plus fidèles au conteur. Ils ont eu du mal à accepter la brutalité avec laquelle tout fut interrompu. Salem, un Noir, fils d'un esclave ramené du Sénégal par un riche négociant au début du siècle, proposa aux deux autres de poursuivre l'histoire. Amar et Fatouma réagirent mal :

— Et pourquoi ce serait toi et pas nous ?

— Parce que j'ai vécu et travaillé dans une grande famille semblable à celle que nous a décrite le conteur. Il n'y avait que des filles, et de temps en temps un vague cousin, que la nature n'a pas privilégié, un nain, venait à la maison. Il restait plusieurs jours sans sortir. Les filles s'amusaient beaucoup. On les entendait tout le temps rire et on ne savait pas pourquoi. En fait, le nain avait un immense appétit sexuel. Il venait les satisfaire l'une après l'autre et repartait avec de l'argent et des cadeaux. Moi, je n'avais aucune chance avec elles. Noir et fils d'esclave...

— Mais cela n'a rien à voir avec notre histoire...

— Si, si... laissez-moi vous dire ce qu'est devenue Zahra, Lalla Zahra... et ensuite vous me direz votre histoire..., chacun son tour.

— Mais tu n'es pas un conteur... Tu n'as pas l'étoffe de Si Abdel Malek, que Dieu ait son âme...

— Je n'ai pas son art, mais je sais des choses. Alors écoutez :

Toute cette histoire a commencé le jour de la mort d'Ahmed. Parce que, s'il n'était pas mort, on n'aurait jamais appris ces péripéties. Ce furent les laveurs de morts, convoqués le matin par les sept sœurs réunies dans la vieille maison en ruine qui, sitôt entrés dans la pièce pour le laver, ressortirent en courant, en maudissant la famille. Il aurait fallu faire appel à des laveuses, parce que le corps d'Ahmed est resté malgré tout celui d'une femme. Les sœurs n'en savaient rien. Seuls le père, la mère et la sage-femme partageaient ce secret.

Vous imaginez le trouble et le choc des sept sœurs et du reste de la famille. Le vieil oncle, le père de Fatima, était là dans la petite voiture d'infirme. Il pleurait de rage. Avec sa canne il gesticulait et demandait à ce qu'on le transporte dans la pièce du mort pour le battre. On le mena jusqu'au corps d'Ahmed qu'il frappa de sa canne avec une telle violence qu'il perdit l'équilibre et tomba sur lui. Il hurlait et appelait au secours parce que sa djellaba était coincée entre les dents du cadavre. Il tirait dessus, déplaçant la tête d'Ahmed. La voiture renversée maintenait le vieil oncle dans une position indécente car tout son corps était couché sur celui d'Ahmed ; c'était plus ridicule qu'érotique. Des domestiques accoururent ramasser l'infirme qui bavait. Ils ne purent s'empêcher d'étouffer un rire. Quand ils dégagèrent leur patron, ils virent le corps féminin d'Ahmed. Ils poussèrent un cri d'étonnement et sortirent avec le vieillard traumatisé.

Les funérailles eurent lieu dans la clandestinité. Chose étrange et même interdite par la religion, le mort fut enterré la nuit. On dit même que son corps fut découpé et donné aux animaux du zoo. Mais, là, je ne le crois pas, car j'ai entendu autre chose, le bruit courut très vite qu'au cimetière on venait d'enterrer un saint, le saint dit de la fécondité bienheureuse, car il assure aux femmes d'accoucher d'enfants mâles. J'ai appris ainsi comment naissent les saints et leur légende. Celui-ci est né très vite, juste après sa mort. D'habitude on attend quelques années et on le met même à l'épreuve. Notre saint n'a pas eu besoin de tout cela. Il est au paradis à présent et j'ai vu l'autre jour des maçons construire un marabout, une pièce autour de la tombe. Je me suis renseigné. L'un

des manœuvres m'a dit qu'il s'agissait du nouveau saint ;
c'est un homme riche et puissant, mais gardant l'anonymat, qui a commandé la construction de ce petit
sanctuaire. L'architecture est curieuse. La pièce est
coiffée non pas d'un dôme, comme la plupart des
marabouts, mais de deux dômes, qui, vus de loin,
ressemblent à la poitrine d'une femme forte, ou alors,
excusez l'image, à une paire de fesses bien charnues ! La
police est déjà venue enquêter. C'est le mystère total.
Comme elle n'arrive pas à savoir le nom du commandi-
taire, elle s'abstient de toute réaction. Elle se dit que ce
doit être un homme puissant, une personnalité haut
placée. D'ailleurs, je suis certain que c'est quelqu'un
d'important. Je veux dire qui a de l'argent et de
l'influence. Mais alors pourquoi offrir ainsi à notre
personnage une reconnaissance posthume, et dans quel
but ? Le connaissait-il avant ? Etait-il au courant du
drame de sa vie ? Etait-il de la famille ? Autant de
questions qui restent sans réponses.

Je trouve quant à moi qu'il est plus intéressant de
chercher à comprendre comment le destin de notre
personnage se poursuit par-delà la mort, dans une
sainteté fabriquée de toutes pièces par une mystérieuse
personne, que de deviner comment il a échappé aux
charlatans du cirque forain ou même comment il est
mort et par quelles mains.

Mais je sais ce qui s'est passé les derniers mois de sa
vie. En vérité, je soupçonne plus que je ne sais.

Elle dormait toujours recroquevillée sur elle-même,
les dents serrées et les poings fermés entre ses cuisses.
Elle se disait que l'heure de la damnation était arrivée et

que ceux et celles à qui, par la force des choses, elle avait fait du mal allaient se venger. Elle n'avait plus de masque pour se protéger. Elle était livrée à la brutalité, sans défense.

Abbas, le patron du cirque forain, c'était une brute, physiquement et mentalement. Il pesait plus de quatre-vingt-dix kilos, et mettait sa virilité dans la force physique qu'il exhibait à toute occasion. Il battait les gamins avec un ceinturon ; oubliait souvent de se laver et de se raser ; mais il passait du temps à arranger sa moustache qui lui barrait le visage. Il disait qu'il avait la force d'un Turc, la foi d'un Berbère, l'appétit d'un faucon d'Arabie, la finesse d'un Européen et l'âme d'un vagabond des plaines plus fort que les hyènes.

En fait, c'était un montagnard maudit par son père et expulsé de la tribu avec sa mère qui pratiquait la sorcellerie meurtrière. Bannis par la famille et le clan, le fils et la mère s'associèrent pour continuer leurs forfaits. L'absence totale de scrupules, la volonté délibérée de nuire, en tout cas d'exploiter les autres, de les voler et même de les assassiner, faisaient d'eux un couple dangereux, prêt à toutes les aventures, capable de toutes les bassesses et ruses pour parvenir à son dessein. Ils restaient rarement au même endroit. Ils se déplaçaient sans cesse, non pas pour échapper à la police — ils l'ont corrompue partout où ils sont passés —, mais pour trouver de nouvelles victimes.

Abbas, qui se montrait violent, dominateur et méprisant devant le personnel du cirque, se faisait tout petit, doux et obéissant devant sa mère et devant un quelconque représentant de l'autorité, à qui il proposait d'emblée ses services : prêt à être aussi bien indicateur, délateur que fournisseur de jeunes filles vierges ou de jeunes garçons imberbes pour le caïd, le chef du village, ou le chef de la police. Abbas était la crapule intégrale. Il baissait la tête et les yeux quand il s'adressait à l'autorité. Avec sa mère il entretenait une relation étrange. Il dormait souvent dans le même lit qu'elle, posant la tête entre ses seins. On dit qu'il n'avait jamais été sevré du sein, et que sa mère avait continué de l'allaiter jusqu'à un âge avancé, bien au-delà de la puberté. Sa mère l'aimait avec violence. Elle le battait avec une canne cloutée et lui disait qu'il était son homme, son unique homme. Elle le dressait pour revenir à la montagne porter le malheur à toute la famille, au père en particulier. Il s'entraînait, élaborait des plans, préparait des formules d'empoisonnement de la nourriture et même du puits, le seul puits du village. Il était possédé par l'idée d'un massacre total. Il se voyait montant sur les cadavres de la tribu, triomphant, sa mère portée sur son dos. Elle admirerait, derrière l'épaule de son fils, les travaux de sa progéniture élevée à son image.

Ils rêvaient tous les deux de ce moment précis ; la mère lui avouait que cette image la remplissait de bonheur. Elle se levait et montait sur son fils qui la prenait et tournait ainsi dans la chambre. Le fils bandait comme un taureau, déposait la mère et courait se soulager dans la nature, derrière une roulotte, de préférence celle où dormait Zahra. Un jour il a défoncé la porte, réveillant les filles qui tenaient compagnie à Zahra. Il les a chassées et est resté seul avec elle. Son séroual était ouvert, d'une main il tenait son sexe, de l'autre un couteau. Il hurlait, demandait à Zahra de se laisser faire : « Par derrière, imbécile, donne-moi ton cul, c'est tout ce que tu possèdes, tu n'as pas de poitrine, et ton vagin ne m'inspire pas. Donne ton derrière... Ça va être ta fête. Tu fais ça toute seule, je vais t'apprendre comment on le fait à deux... »

Il se jeta sur elle, mais, avant même de la pénétrer, il éjacula en poussant un râle rageur. Zahra reçut un coup de couteau dans le dos. Abbas sortit en la maudissant et s'en alla pleurer entre les seins de sa mère.

Quelques instants après, il revint avec des menottes et attacha les bras de Zahra aux barreaux de la fenêtre et la viola avec un vieux morceau de bois.

Zahra n'était plus « princesse d'amour » ; elle ne dansait plus ; elle n'était plus un homme ; elle n'était plus une femme, mais une bête de cirque que la vieille exhibait dans une cage. Les mains attachées, la robe déchirée juste au niveau du torse pour donner à voir ses petits seins, Zahra avait perdu l'usage de la parole. Elle pleurait et les larmes coulaient sur son visage où la barbe avait repoussé. Elle était devenue la femme à barbe qu'on venait voir de tous les coins de la ville. La curiosité des gens n'avait aucune limite ou retenue. Ils payaient cher pour s'approcher de la cage. Certains lui jetaient des cacahuètes, d'autres des lames de rasoir, d'autres enfin crachaient de dégoût. Zahra rapportait beaucoup d'argent à Abbas et à sa mère. Son mutisme les inquiétait. La nuit, la vieille la détachait, lui donnait à manger et l'accompagnait jusqu'aux toilettes. Elle tenait à la laver elle-même une fois par semaine. Tout en lui versant de l'eau sur son corps, elle la caressait, lui tâtait le sexe et lui disait des méchancetés : « Heureusement que nous sommes là. Nous t'avons sauvée ! Tu as usurpé toute une vie l'identité de quelqu'un d'autre, probablement celle d'un homme que tu as assassiné. A présent, tu as intérêt à obéir et à te laisser faire. Je ne vois pas ce que mon imbécile de fils te trouve. T'as pas de poitrine, tu es maigre, tes fesses sont menues et creuses, même un garçon est plus bandant que toi. D'ailleurs, quand je passe ma main sur ta peau, je ne sens rien. C'est du bois. Alors qu'avec les autres filles, même les plus laides, j'ai du plaisir. Si tu continues de faire la grève de la parole, je te livrerai à la police. Notre police a le don de faire parler les muets. Quant aux muettes, elle sait les faire hurler... »

Une nuit de pleine lune, Zahra eut l'intuition qu'Abbas allait venir se jeter sur elle. Ses mains libres ramassèrent deux lames de rasoir jetées dans la cage par des spectateurs. Elle se déshabilla, mit les deux lames dans un chiffon qu'elle plaça en évidence entre ses fesses et attendit à plat ventre la visite de la brute. Elle avait lu dans un vieux magazine que les femmes pendant la guerre d'Indochine avaient recours à cette méthode pour tuer les soldats ennemis qui les violaient. C'était aussi une forme de suicide.

Zahra reçut comme une masse d'une tonne le corps d'Abbas qui eut la verge fendue. De douleur et de rage, il l'étrangla. Zahra mourut à l'aube étouffée, et le violeur succomba des suites de l'hémorragie.

Voilà comment est mort Ahmed. Voilà comment s'est achevée la vie — courte — de Zahra.

Salem avait l'air très affecté par son propre récit. Il soupira longuement, se leva et dit à Amar et Fatouma :

— Excusez-moi, je ne voulais pas vous raconter la fin. Mais, quand je l'ai apprise, j'étais tellement bouleversé que je cherchais partout quelqu'un à qui la transmettre pour ne pas être seul dépositaire d'une telle tragédie. A présent, je me sens mieux. Je suis soulagé.

Amar intervint :

— Assieds-toi ! Tu ne vas pas t'en tirer comme cela ! Ton histoire est atroce. Je suis sûr que tu as tout inventé et que tu t'es identifié aussi bien à Abbas qu'à la malheureuse Zahra. Tu es un homme pervers. Tu rêves de violer les jeunes filles ou les garçons et, comme tu as honte, tu te punis à la manière asiatique... Je connais la fin de cette histoire. J'ai trouvé le manuscrit que nous lisait le conteur. Je vous l'apporterai demain. Je l'avais racheté aux infirmiers de la morgue.

Fatouma ne dit rien. Elle esquissa un sourire, se leva et fit un signe de la main comme pour dire « à demain ! ».

15

Amar

Ce jour-là, les nuages se sont regroupés, formant un cercle presque parfait, et se sont lentement dilués d'une encre entre le mauve et le rouge. Une légère brume persistait. Les gens allaient et venaient sur les grandes avenues sans raison précise. Certains s'étaient installés au café. Ils parlaient. Ils ne se disaient rien. Les petites choses de la vie quotidienne. Ils regardaient les jeunes filles passer. Quelques-uns faisaient des commentaires vulgaires sur la démarche de cette femme ou sur le cul bas d'une autre. D'autres lisaient ou relisaient un journal vide ; de temps en temps ils évoquaient l'extension de la prostitution masculine dans cette ville ; ils montraient du doigt un touriste européen flanqué de deux adolescents bellâtres. Les gens aiment parler des autres. Ici, ils raffolent des potins sexuels. Ils en parlent tout le temps. Parmi ceux-là qui se moquaient tout à l'heure de l'homosexuel anglais, j'en connais qui iraient bien en cachette lui faire l'amour ou simplement faire l'amour ensemble. Il leur est plus facile de le faire que d'en parler ou de l'écrire. On interdit des livres qui parlent de la prostitution dans le pays, mais on ne fait rien pour donner du travail à ces filles de l'exode rural, on ne

145

touche pas non plus aux proxénètes. Alors on parle dans les cafés. On se défoule sur les images qui traversent le boulevard, et le soir on regarde à la télé un interminable feuilleton égyptien : *l'Appel de l'amour,* où les hommes et les femmes s'aiment, se haïssent, s'entre-déchirent et ne se touchent jamais. Je vous dis, mes amis, que nous sommes dans une société hypocrite. Je n'ai pas besoin de préciser davantage : vous savez bien que la corruption a fait son travail et continue de dévaster lentement et irrémédiablement nos corps et nos âmes. J'aime bien le mot arabe qui désigne la corruption الرشوة . Ça s'applique aux matières qui perdent leur substance et qui n'ont plus de consistance, comme le bois par exemple qui garde l'enveloppe extérieure, il garde l'apparence, mais il est creux, il n'y a plus rien dedans, il a été miné de l'intérieur ; des petites bêtes vraiment minuscules ont grignoté tout ce qu'il y avait sous l'écorce. Mes amis, il ne faut surtout pas me bousculer ; je ne suis qu'une carcasse vide ; dedans il y a encore un cœur et des poumons qui continuent à faire leur travail. Ils sont indignés plus que fatigués. Et moi je suis perdu. Hier, après l'histoire que nous a rapportée Salem, je suis allé à la mosquée, non pour prier, mais pour me recueillir dans un coin silencieux pour essayer de comprendre ce qui nous arrive. Figurez-vous que j'ai été réveillé plusieurs fois par des espèces de vigiles ; ils m'ont fouillé et ont vérifié mon identité. J'ai eu envie de leur dire : l'Islam que je porte en moi est introuvable, je suis un homme seul et la religion ne m'intéresse pas vraiment. Mais leur parler d'Ibn Arabi ou d'El Hallaj aurait pu me valoir des ennuis. Ils auraient cru qu'il s'agissait de meneurs politiques en exil, de frères musulmans voulant prendre le pouvoir dans le pays. Je me suis levé et suis rentré chez moi. Heureusement les enfants n'étaient pas là. Ils devaient être tous dans les terrains vagues en train de jouer avec les pierres et la poussière. Je me suis concentré et j'ai longuement pensé au pauvre Ahmed. Moi, je ne l'appellerai pas Zahra. Parce que sur le manuscrit il signait par son unique initiale, la lettre A. Bien sûr ce pourrait être Aïcha, Amina, Atika, Alia, Assia... Mais admettons qu'il s'agit d'Ahmed. Il est effectivement sorti de la maison et a tout quitté. Il a été tenté de se laisser entraîner par l'aventure du cirque forain. Mais je crois qu'il a fait autre chose.

Le fils et la mère, le visage dévasté par la haine, la haine des autres et la haine de soi, ne maîtrisaient plus aucune de leurs combines. Ils essayèrent d'embarquer Ahmed dans une histoire de trafic, mais ils n'étaient manifestement plus crédibles, se trompant sans cesse, se contredisant et se disputant avec une rare violence. D'ailleurs ce qui décida Ahmed à fuir, ce fut une bagarre à l'arme blanche entre la mère et le fils, à propos d'un flacon perdu où la vieille avait conservé la cervelle en poudre d'une hyène. Elle provoquait le fils en lui criant :

— Fils de pute, fils de pédé, tu n'es pas un homme, viens te battre, viens défendre la petite parcelle de virilité que j'ai eu la bonté de te filer à la naissance.

— Si tu es une putain, lui répondit-il, je ne suis que ton fils, et les fils de pute sont moins pourris que leur mère...

— Où as-tu mis le flacon noir... Tu me fais perdre une

affaire en or... Je suis sûre que tu l'as donné à cette vieille tapette qui te donne son cul... Tu es le fils indigne d'une grande dame...

— Je ne veux pas me battre..., pas avec toi.

Elle lança en sa direction un couteau qui frôla son épaule. Le fils se mit à pleurer et la supplia de lui pardonner. Il était vraiment laid. Ils étaient tous les deux d'une laideur insupportable, sans aucune dignité. Ni mère ni fils, mais deux monstres qui inspirèrent une telle horreur à Ahmed qu'il prit la fuite en maudissant la main invisible qui l'avait mis sur ce chemin. La vieille, tout en crachant sur le fils, le poursuivit. Elle faillit le rattraper, mais glissa sur une dalle mouillée, ce qui sauva Ahmed des griffes de cette folle. Il n'imaginait pas qu'entre une mère et son fils pouvait exister ce genre de rapports. Il se souvenait de ses propres relations avec ses parents et regrettait beaucoup sa dureté, ses silences, ses exigences. Il se disait qu'il n'était pas maître de la haine qui le maintenait éloigné de sa pauvre mère, ni de la passion que lui inspirait son père, qu'il admirait et redoutait en même temps. Il se mit à détester l'épisode cynique de son simulacre de mariage avec la pauvre cousine.

Il a erré toute la nuit dans la ville. A l'aube il se rendit au cimetière et chercha la tombe de Fatima. C'était une tombe négligée coincée entre deux grosses pierres. Il pensait à elle avec un sentiment de remords, chose qu'il n'avait pas ressentie depuis longtemps. C'était comme s'il revenait d'une longue absence, d'un voyage pénible ou d'une longue maladie. En se recueillant devant cette tombe, il finit peu à peu par perdre l'image de Fatima, visage brouillé, voix inaudible, cris mêlés au vent ; il perdait doucement cette mémoire ; les souvenirs tombaient, s'effritaient. On aurait dit qu'il avait entre les mains un pain rassis qu'il émiettait pour donner à manger à des pigeons. En vérité, il avait horreur des cimetières. Il ne comprenait pas pourquoi on ne les couvrait pas, pourquoi on ne les cachait pas. Il considérait ces lieux malsains, il disait que cela ne servait à rien de conserver l'illusion d'une présence, puisque même la mémoire se trompe, se moque de nous au point de nous livrer des souvenirs fabriqués avec des êtres qui n'ont jamais existé, nous enfermant dans un nuage où rien ne résiste ni au vent ni aux mots. Il se mit à douter de l'existence de Fatima et refusa de croire qu'il était venu là pour prier sur son âme. Le fait d'avoir erré toute la nuit, le manque de sommeil, la fatigue nerveuse due à la fuite et l'absence de repères, installèrent le trouble dans sa perception. Il sortit du cimetière comme expulsé par un vent violent. Il sentait que quelqu'un le repoussait avec force. Il ne résistait pas. Il marchait à reculons, trébucha sur une pierre, il se trouva allongé dans une tombe qui était à la mesure de son corps. Il eut du mal à se relever. Durant un instant, il eut l'idée de rester dormir là. Peut-être que la mort viendrait le prendre dans ses bras avec douceur, sans nostalgie. Rester dans cette position comme pour l'apprivoiser, pour se familiariser avec l'humidité de la terre, pour établir ainsi par avance des rapports de tendresse. Mais le vent était brutal. Il le souleva. Ahmed s'en alla, amer et triste. Ses premiers pas de séducteur fier furent rejetés par la mort ou du moins par le vent qui la transporte et qui l'anime. Il se dit qu'il n'avait de place ni dans la vie ni dans la

mort, exactement comme il avait vécu la première partie
de son histoire, ni tout à fait homme ni tout à fait femme.
Il n'avait plus d'énergie, plus de force pour supporter
son image. Le plus dur, c'est qu'il ne savait plus à quoi ni
à qui il ressemblait. Plus aucun miroir ne lui renvoyait
d'image. Ils étaient tous éteints. Seule l'obscurité, seules
des ténèbres avec quelques hachures de lumière s'impri-
maient dans les miroirs. Il savait qu'à partir de cet
instant il était perdu. Il ne pouvait même plus aller
chercher un visage où il se verrait, des yeux qui lui
diraient : « Tu as changé, tu n'es plus la même personne
qu'hier ; tu as des cheveux blancs sur les tempes, tu ne
souris plus, tes yeux sont éteints, ton regard est dévasté ;
tu as de la morve qui pend du nez ; tu es fini, foutu ; tu
n'es plus ; tu n'existes pas ; tu es une erreur, une
absence, juste une poignée de cendres, quelques cailloux, des morceaux de verre, un peu de sable, un tronc
d'arbre creux, ton visage s'évanouit, n'essaie pas de le
garder, il s'en va, n'essaie pas de le retenir, c'est mieux
comme ça, un visage de moins, une tête qui tombe, roule
par terre, laisse-la ramasser un peu de poussière, un peu
d'herbe, laisse-la rejoindre l'autre bout de ta pensée,
tant pis si elle débarque dans une arène ou un cirque,
elle roulera jusqu'à ne plus rien sentir, jusqu'à la
dernière étincelle qui te fait croire encore à la vie... »

Un charlatan à qui il confia son malheur lui proposa de
lui trouver un miroir d'Inde, spécialement conçu pour les
regards amnésiques.

— Avec ce miroir, lui a-t-il dit, tu verras ton visage et
ta pensée. Tu verras ce que les autres ne voient pas
quand ils te regardent. C'est un miroir pour les profon-

deurs de l'âme, pour le visible et l'invisible ; c'est l'engin rare que les princes d'Orient utilisaient pour dénouer les énigmes. Crois-moi, mon ami, tu seras sauvé, car tu y verras les astres qui gardent l'Empire du Secret...

— Qui te dit, lui a-t-il répondu, que je veux être sauvé ? J'aimerais même perdre définitivement le visage et son image. Déjà, après une longue nuit de réflexion et d'errance, il m'arrive de passer ma main sur mes joues et je ne sens rien..., ma main traverse le vide. C'est une impression que tu ne peux pas comprendre, sauf peut-être si tu es un grand fumeur de kif... et encore il faut avoir connu le trouble du nom et le double du corps. Mais tout cela te dépasse. Va, je n'ai besoin que de silence et d'une immense couche de ténèbres. Je n'ai plus besoin de miroir... et je sais en outre que ton histoire est fausse..., dans mon enfance on jouait avec ces miroirs d'Inde... On allumait le feu avec !...

Il a traîné longtemps. Son état physique et mental faisait de lui une ombre qui passait sans susciter la moindre attention chez les gens. Il préférait cette indifférence car, comme il l'avait noté, « je suis sur le chemin de l'anonymat et de la délivrance ».

On pourrait dire à ce stade qu'on l'a perdu de vue. Mais personne ne s'intéressait suffisamment à lui pour le perdre de vue. Ce qu'il cherchait, c'était que lui-même se perdît de vue de manière définitive et surtout de ne plus être porté comme une planche coranique par les flots du temps.

Je ne sais pas comment il subsistait, s'il se nourrissait ou non, s'il dormait ou pas. Ses dernières notations sont vagues. Etait-il encore dans ce pays ou avait-il réussi à monter clandestinement dans un navire de marchandises en partance pour le bout du monde ? Je pense à cela parce qu'il parle un certain moment de l' « obscurité balancée par des vagues fortes ».

J'imagine ce corps, qui n'en pouvait plus d'être prisonnier d'un autre corps, sur les vagues des mers lointaines plutôt que dans un de ces bars mal famés où l'âme se dilue dans le mauvais vin, dans la détresse de quelques êtres qui n'ont que la lâcheté de s'enivrer pour mourir médiocrement.

Après la rupture de l'équilibre familial et son départ de la maison, il était prêt à toutes les aventures avec cependant le désir d'en finir avec cette vieille et pénible comédie. C'est ce qu'il écrivait à l'époque :

« La mort a réglé bien des questions en suspens. Mes parents ne sont plus là pour me rappeler que je suis porteur du secret. Il est temps pour moi de savoir qui je suis. Je sais, j'ai un corps de femme, même si un léger doute persiste quant à l'apparence des choses. J'ai un corps de femme ; c'est-à-dire j'ai un sexe de femme même s'il n'a jamais été utilisé. Je suis une vieille fille qui n'a même pas le droit d'avoir les angoisses d'une vieille fille. J'ai un comportement d'homme, ou plus exactement on m'a appris à agir et à penser comme un être naturellement supérieur à la femme. Tout me le permettait : la religion, le texte coranique, la société, la tradition, la famille, le pays... et moi-même...

» J'ai de petits seins — des seins réprimés dès

l'adolescence — mais une voix d'homme. Ma voix est grave, c'est elle qui me trahit. Dorénavant je ne parlerai plus, ou bien je parlerai la main sur la bouche comme si j'avais mal aux dents.

» J'ai un visage fin mais couvert par une barbe.

» J'ai bénéficié des lois de l'héritage qui privilégient l'homme par rapport à la femme. J'ai hérité deux fois plus que mes sœurs. Mais cet argent ne m'intéresse plus. Je le leur abandonne. Je voudrais quitter cette maison sans que la moindre trace du passé ne me suive. Je voudrais sortir pour naître de nouveau, naître à vingt-cinq ans, sans parents, sans famille, mais avec un prénom de femme, avec un corps de femme débarrassé à jamais de tous ces mensonges. Je ne vivrai peut-être pas longtemps. Je sais que mon destin est voué à être brutalement interrompu parce que j'ai, un peu malgré moi, joué à tromper Dieu et ses prophètes. Pas mon père dont je n'étais en fait que l'instrument, l'occasion d'une vengeance, le défi à la malédiction. J'avais conscience de jouer un peu. Il m'arrive encore d'imaginer quelle vie j'aurais eue si je n'avais été qu'une fille parmi d'autres, une fille de plus, la huitième, une autre source d'angoisse et de malheur. Je crois que je n'aurais pas pu vivre et accepter ce que mes sœurs comme les autres filles dans ce pays subissent. Je ne crois pas que je sois meilleure mais je sens en moi une telle volonté, une telle force rebelle, que j'aurais probablement tout chamboulé. Ah ! ce que je m'en veux à présent de ne pas avoir plus tôt dévoilé mon identité et brisé les miroirs qui me tenaient éloignée de la vie. J'aurais été une femme seule, décidant en toute lucidité quoi faire avec ma solitude. Je parle de solitude choisie, élue, vécue comme un désir de liberté, et non comme une réclusion imposée par la famille et le clan. Je sais, dans ce pays, une femme seule est destinée à tous les refus. Dans une société morale, bien structurée, non seulement chacun est à sa place, mais il n'y a absolument pas de place pour celui ou celle, surtout celle qui, par volonté ou par erreur, par esprit rebelle ou par inconscience, trahit l'ordre. Une femme seule, célibataire ou divorcée, une fille-mère, est un être exposé à tous les rejets. L'enfant fait dans l'ombre de la loi, l'enfant né d'une union non reconnue, est destiné au mieux à rejoindre le foyer de la Bonté, là où sont élevées les mauvaises graines, les graines du plaisir, bref, de la trahison et de la honte. Une prière secrète sera faite pour que cet enfant fasse partie du lot des cent mille bébés qui meurent chaque année, par absence de soins, par manque de nourriture ou par la malédiction de Dieu ! Cet enfant n'aura pas de nom. Il sera fils de la rue et du péché et devra subir les différents états du malheur.

» On devrait prévoir à la sortie de chaque ville un étang assez profond qui recevrait le corps de ces bébés de l'erreur. On l'appellerait l'étang de la délivrance. Les mères y viendraient la nuit de préférence, ligoteraient leur progéniture autour d'une pierre qu'une main bienfaisante leur offrirait, et, dans un dernier sanglot, déposeraient l'enfant

que des mains cachées, peut-être sous l'eau, tire-
raient vers le fond jusqu'à la noyade. Tout cela
serait fait au vu et au su de tout le monde, mais il
serait indécent, il serait interdit d'en parler, voire
d'évoquer le sujet, même par des allusions.

» La violence de mon pays est aussi dans ces yeux
fermés, dans ces regards détournés, dans ces
silences faits plus de résignation que d'indifférence.

» Aujourd'hui je suis une femme seule. Une vieille
femme seule. Avec mes vingt-cinq ans révolus, je
considère que ma vieillesse a au moins un demi-
siècle. Deux vies avec deux perceptions et deux
visages mais les mêmes rêves, la même et profonde
solitude. Je ne pense pas être innocente. Je crois
même que je suis devenue dangereuse. Je n'ai plus
rien à perdre et j'ai tellement de dégâts à réparer.
Je soupçonne ma capacité de rage, de colère et aussi
de haine destructrice. Plus rien ne me retient, j'ai
juste un petit peu peur de ce que je vais entreprendre ; j'ai peur parce que je ne sais pas exactement ce
que je vais faire, mais je suis décidée à le faire.

» J'aurais pu effectivement rester enfermée dans
cette cage où je donne des ordres et d'où je dirige
les affaires de la famille. J'aurais pu me contenter
du statut de l'homme puissant presque invisible.
J'aurais même construit une pièce encore plus haute
pour mieux voir la ville. Mais ma vie, mes nuits, ma
respiration, mes désirs, mes envies, auraient été
condamnés. J'ai, depuis, horreur du désert, de l'île
déserte, de la petite maison isolée dans le bois. Je
veux sortir, voir les gens, respirer les mauvaises

odeurs de ce pays et aussi les parfums de ses fruits et de ses plantes. Sortir, être bousculée, être dans la foule et sentir qu'une main d'homme caresse maladroitement mes fesses. Pour beaucoup de femmes, c'est très désagréable. Je le comprends. Pour moi, ce serait la première main anonyme qui se poserait sur mon dos ou mes hanches. Je ne me retournerais pas pour ne pas voir quel visage porte cette main. Si je le voyais, je serais probablement horrifiée. Mais les mauvaises manières, les gestes vulgaires peuvent avoir parfois un peu de poésie, juste ce qu'il faut pour ne pas se mettre en colère. Une petite touche qui ne démentirait pas l'érotisme de ce peuple. Ce sont surtout les voyageurs européens qui ont le mieux senti et le mieux évoqué cet érotisme, en peinture comme en littérature, même si derrière tout cela une pointe de supériorité blanche guidait leurs pas.

» Je sais qu'on parle plus de sexe que d'érotisme, et l'amour, on le noie dans une telle nostalgie languissante qu'il me dégoûte à jamais.

» Je comprends à présent pourquoi mon père ne me laissait pas sortir ; il s'arrangeait pour épaissir le mystère autour de mon existence. A un certain moment, il perdit confiance en moi. J'aurais pu le trahir, sortir par exemple toute nue. On aurait dit : " C'est une folle ! " Les gens m'aurait couverte et ramenée à la maison. Cette idée me hantait. Mais à quoi bon faire un scandale ? Mon père était malade. Ma mère enfermée dans son mutisme. Mes sœurs vivaient dans une médiocrité bien tranquille. Et moi je souffrais. J'étais devenue la prisonnière de mon destin.

» Après la mort des parents, j'eus le sentiment d'une délivrance, une liberté neuve. Plus rien ne me retenait dans cette maison. Je pouvais enfin sortir, partir pour ne plus revenir.

» J'en étais arrivée à souhaiter l'amnésie, ou brûler mes souvenirs les uns après les autres, ou alors les rassembler tel un tas de bois mort, les ficeler avec un fil transparent, ou mieux les envelopper d'une toile d'araignée, et m'en débarrasser sur la place du marché. Les vendre pour un peu d'oubli, pour un peu de paix et de silence. Si personne n'en veut, les abandonner comme des bagages égarés. Je m'imaginais en train d'en vanter la richesse, la curiosité, la rareté, et aussi l'étrangeté. En fait je me voyais mal dans ce marché des mémoires qui se donnent, s'échangent et partent en poussière ou en fumée. Ce serait trop commode.

» Sortir, avancer la tête renversée, regarder le ciel, surprendre en fin de journée un lever d'astre, le chemin de quelque étoile et ne plus penser. Choisir une heure discrète, une route secrète, une lumière douce, un paysage où des êtres aimants, sans passé, sans histoire, seraient assis comme dans ces miniatures persanes où tout paraît merveilleux, en dehors du temps. Ah ! si je pouvais enjamber cette haie chargée de piques, cette haie, véritable muraille mobile qui me devance et me barre le chemin, si je pouvais la traverser au prix de quelques blessures et aller prendre place dans cette miniature du xie siècle ; des mains d'ange me déposeraient sur ce tapis précieux, en silence, sans déranger le vieux conteur, un sage qui pratique l'amour avec une grande délicatesse. Je le vois là en train de caresser les hanches d'une jeune fille, heureuse de se donner à lui, sans crainte, sans violence, avec amitié et pudeur...

» Tant de livres ont été écrits sur les corps, les plaisirs, les parfums, la tendresse, la douceur de l'amour entre homme et femme en Islam..., des livres anciens et que plus personne ne lit aujourd'hui. Où a disparu l'esprit de cette poésie ? Sortir et oublier. Aller vers des lieux retirés du temps. Et attendre. Avant, je n'attendais rien, ou plutôt ma vie était réglée par la stratégie du père. J'accumulais les choses sans avoir à attendre. Aujourd'hui, je vais avoir le loisir d'attendre. Qu'importe quoi ou qui. Je saurai que l'attente peut être une cérémonie, un enchantement, et que du lointain je ferai surgir un visage ou une main ; je les caresserai, assise devant l'horizon qui change de ligne et de couleurs, je les regarderai partir ; ils m'auront ainsi donné le désir de mourir lentement devant ce ciel qui s'éloigne... »

Voilà, mes amis, comment notre personnage s'est éteint : face au ciel, devant la mer, entouré d'images, dans la douceur des mots qu'il écrivait, dans la tendresse des pensées qu'il espérait... Je crois qu'il n'a jamais quitté sa chambre en haut sur la terrasse de la grande maison. Il s'y est laissé mourir, au milieu de vieux manuscrits arabes et persans sur l'amour, noyé par l'appel du désir qu'il imaginait, sans la moindre visite. Il avait verrouillé sa porte le jour. La nuit il dormait sur la terrasse et s'entretenait avec les astres. Son corps lui importait peu. Il le laissait dépérir. Il voulait vaincre le temps. Je pense qu'il a réussi les derniers moments de sa vie, quand il a atteint le haut degré de la contemplation. Je crois qu'il a connu la volupté née de cette béatitude acquise face au ciel étoilé. Il a dû mourir dans une grande douceur. Ses yeux posés sur cet horizon lointain devaient résumer la longue détresse ou du moins l'erreur que fut sa vie (ce que je vais vous lire ne figure pas dans le manuscrit, c'est de mon imagination) :

« Je m'en vais sur la pointe des pieds. Je ne veux pas peser lourd, au cas où les anges, comme il est dit dans le Coran, viendraient me porter jusqu'au ciel. J'ai vidé mon corps et j'ai incendié ma mémoire. Je suis née dans un faste et une joie fabriqués. Je pars en silence. Je fus, comme dit le poète, " le dernier et le plus solitaire des humains, privé d'amour et d'amitié, et bien inférieur en cela au plus imparfait des animaux ". Je fus une erreur et je n'ai connu de la vie que les masques et les mensonges... »

Un long silence suivit le récit d'Amar. Salem et Fatouma avaient l'air convaincu ; ils se regardèrent et ne dirent rien. A un certain moment, Salem, gêné, essaya de justifier sa propre version de l'histoire :

— Ce personnage est une violence en soi ; son destin, sa vie sont de l'ordre de l'inconcevable. D'ailleurs on ne peut même pas s'en tirer par une pirouette psychologique. Pour parler brutalement, vous en conviendrez, Ahmed n'est pas une erreur de la nature, mais un détournement social... Enfin, je veux dire, ce n'est surtout pas un être attiré par le même sexe. Annulé dans ses désirs, je pense que seule une grande violence — un suicide avec plein de sang — peut apporter un terme à cette histoire...

— Tu as lu trop de livres, dit Amar ; c'est une explication d'intellectuel. Mais je pose la question : en quoi cette histoire inachevée a pu nous intéresser à ce point, nous autres, désœuvrés ou désabusés ? Je comprends que, toi, fils d'esclaves, tu as passé ta vie à effacer cette trace. Tu as étudié tout seul, tu as étudié beaucoup, même un peu trop. Et puis, toi, tu aurais aimé savoir ce qu'est une vie libre quand tu avais vingt ans... Or, à cet âge-là, tes parents trimaient pour t'épargner le malheur qu'ils enduraient. Mais, moi, qui suis un vieil instituteur retraité, fatigué par ce pays ou plus exactement par ceux qui le maltraitent et le défigurent, je me demande ce qui m'a passionné dans cette histoire. Je crois savoir que c'est d'abord l'aspect énigmatique, et ensuite je pense que notre société est très dure, ça n'a pas l'air, mais il y a une telle violence dans nos rapports qu'une histoire folle, comme celle de cet homme avec un corps de femme, est une façon de pousser cette violence très loin, à son extrême limite. Nous sommes intrigués par le pays qui s'exprime ainsi... Et toi, Fatouma, tu ne dis rien... Quel est ton point de vue ?...

— Oui, je ne dis rien, parce qu'une femme, dans ce pays, a pris l'habitude de se taire ou alors elle prend la parole avec violence. Moi, je suis à présent vieille, c'est pour cela que je suis avec vous. Il y a trente ans, ou alors si j'avais une trentaine d'années, croyez-vous que j'aurais été avec vous dans ce café ? Je suis libre parce que je suis vieille et ridée. J'ai droit à la parole parce que ça n'a pas d'importance. Les risques sont minimes. Mais c'est déjà curieux et étrange d'être là, aujourd'hui, assise dans ce café, à vous écouter et à parler. Nous nous connaissons à peine. Vous ne savez rien de moi... Rappelez-vous, c'est moi qui eus l'initiative de vous réunir dans ce café après la disparition du conteur. Je vous ai parlé la première. Vous n'avez pas fait attention. C'est normal ! Une vieille femme... Pas si normal que ça ! Une vieille femme doit rester à la maison et s'occuper de ses petits-enfants. Or, je ne suis ni une mère ni une grand-mère. Je suis peut-être l'unique vieille femme sans progéniture. Je vis seule. J'ai quelques rentes. Je voyage. Je lis... J'ai appris à lire à l'école... J'étais peut-être la seule fille de toute l'école... Mon père était fier de moi... Il disait : « Je n'ai pas honte d'avoir des filles !... »

Fatouma s'arrêta un instant, se voila le visage avec une partie de son foulard sur la tête, baissa les yeux. On ne savait pas si elle était gênée par ce qu'elle disait ou par la présence de quelqu'un. Elle cherchait à éviter un visage. Devant le café, un homme, petit de taille, plutôt bien habillé, s'est arrêté. Il regardait tantôt Fatouma, qui gardait la tête baissée, tantôt le fond du café. Il vint tout près de la table et dit :

— Hé, Hadja ! Tu me reconnais ? Nous étions ensemble à La Mecque... Je suis Hadj Britel..., l'oiseau rapide et efficace !...

161

Amar le pria de partir. Le petit bonhomme s'en alla, bredouillant quelque chose comme :

— Ma mémoire me joue des tours... Et pourtant je suis sûr que c'est elle...

Fatouma retira le voile. Cette intervention l'avait troublée. Elle resta silencieuse, puis dit après un profond soupir :

— Dans la vie on devrait pouvoir porter deux visages... Ce serait bien d'en avoir au moins un de rechange... Ou alors, ce qui serait encore mieux, ne pas avoir de visage du tout... Nous serions juste des voix... Un peu comme des aveugles... Bon, mes amis, je vous invite à revenir demain chez moi pour vous livrer la fin de notre histoire... J'habite une chambre dans l'orphelinat... Je vous attends au moment du coucher du soleil... Venez juste avant, vous verrez comme c'est beau le ciel vu de ma chambre...

16

Fatouma

Hommes! Il est une piété que j'aime et recherche,
c'est la piété de la mémoire. Je l'apprécie parce qu'elle
ne pose pas de questions. Je sais que cette qualité est en
vous. Ainsi, je devancerai vos interrogations et apaiserai
votre curiosité.

Vous êtes assis par terre, le dos au mur, face à la
montagne. Une nappe de nuages en efface le sommet.
Tout à l'heure, les couleurs viendront lentement se
mêler aux nuages. Elles donneront un spectacle pour
l'œil et l'esprit qui savent attendre.

Comme dit le poète : « On ne peut oublier le temps
qu'en s'en servant »... Avant, le temps se servait de moi
et je finissais par m'oublier. Mon corps, mon âme,
l'incendie que je pouvais provoquer, l'aurore où je me
réfugiais, tout cela m'était indifférent. Tout se taisait
autour de moi : l'eau, la source, la lune, la rue.

Et je viens de loin, de très loin, j'ai marché sur des
routes sans fin ; j'ai arpenté des territoires glacés ; j'ai
traversé des espaces immenses peuplés d'ombres et de
tentes défaites. Des pays et des siècles sont passés devant
mon regard. Mes pieds se souviennent encore. J'ai la
mémoire dans la plante des pieds. Etait-ce moi qui

avançais ou était-ce la terre qui bougeait sous mes pieds ? Comment le saurai-je ? Tous ces voyages, toutes ces nuits sans aurores, sans matins, je les ai fabriqués dans une chambre étroite, circulaire, haute. Une chambre sur la terrasse. La terrasse était sur une colline et la colline était peinte sur un tissu de soie rouge blafard. Je m'étais installée sur les hauteurs, fenêtres et porte fermées. La lumière était indésirable. Et je me sentais plus libre dans l'obscurité. J'organisais mes voyages à partir des bouts de récits de grands voyageurs. Si j'étais un homme j'aurais dit : « Ibn Batouta c'est moi ! » mais je ne suis qu'une femme et j'habite une chambre à la hauteur d'une tombe suspendue.

Je suis allée à La Mecque, plus par curiosité que par foi. J'étais noyée par cette horde en blanc. J'étais dedans, bousculée, écrasée. Entre ma chambre déserte et la grande mosquée, il n'y avait pas beaucoup de différence. A aucun moment je ne perdis conscience. Au contraire, tout me ramenait à moi et à mon petit univers où mes attaches me dévoraient et m'épuisaient. Il était strictement interdit de quitter le pèlerinage avant son terme. Je n'en pouvais plus. J'avais perdu les traces du potier, celui qui devait surveiller et protéger ma vertu. Pour la première fois je voulus en finir. La mort est tellement peu de chose dans ces lieux... Je me disais qu'il était plus facile de mourir piétinée par cette foule et d'être ensuite jetée dans la fosse commune quotidienne... J'avais en moi, dans ma poitrine, une chose consignée, déposée par des mains familières, j'avais retenu un cri, long et douloureux, je savais que ce n'était pas le mien ; j'avais l'intuition que c'était à moi que revenait la décision de pousser ce cri, un cri qui ébranlerait le corps compact de cette foule de fidèles, qui ferait vibrer les montagnes entourant les lieux saints, ce cri prisonnier là dans ma cage thoracique était celui d'une femme. Le besoin de le sortir et de l'expulser de mon corps devenait urgent à mesure que la foule où je me trouvais grandissait. Je savais, toujours par intuition, que cette femme l'avait déposé en moi juste avant de mourir. Elle était jeune et malade. Elle devait souffrir d'asthme, peut-être — je n'en suis pas sûre — d'épilepsie. En tout cas il avait fallu arriver sur les lieux de prière et de recueillement pour avoir le désir de déchirer le ciel par un cri profond dont je possédais les germes mais pas les raisons. Je me sentais tout à fait capable de fendre par ce cri la foule et le ciel, de rendre ainsi justice à l'absent, l'être malade qui a peu vécu et qui a surtout mal vécu... Après je me demandai : pourquoi ce cri a-t-il trouvé refuge chez moi et pas chez un homme par exemple ? Une voix intérieure me répondit que ce cri devait loger dans la poitrine d'un homme, mais il y eut erreur, ou plutôt la jeune femme a préféré l'offrir à une femme capable de ressentir la même souffrance, la même douleur qu'elle. En criant elle saura de quel côté de la nuit se tient la mort, tapie dans un coin à peine éclairé. J'avançais dans la foule, le torse gonflé, enceinte de ce cri ; je savais qu'en poussant de toutes mes forces j'arriverais à l'expulser de mon corps, à me délivrer et aussi à délivrer l'être qui me l'avait confié. C'était cela, la mort dont je rêvais. Avec la dispersion des pèlerins je n'eus pas le besoin de crier. Je n'étais plus sous cette tension qui me propulsait en avant. Je quittai La Mecque sans regret et m'embarquai sur le premier bateau. J'aimais le voyage en bateau. Etre sur un océan, loin de toute attache, ne pas savoir le sens de la route, être suspendu, sans passé, sans avenir, être dans l'instant immédiat, entouré de cette immensité bleue, regarder la nuit la mince enveloppe du ciel où tant d'étoiles se faufilent ; se sentir sous l'emprise douce d'un sentiment aveugle qui, lentement, propose une mélodie, quelque chose entre la mélancolie et la joie intérieure... C'était cela que j'aimais... et ce bateau m'a réconciliée avec les noces rompues du silence.

Ce pèlerinage, même mal accompli, m'avait libérée : en rentrant au pays, je ne suis pas retournée chez moi. Je n'avais plus envie de retrouver cette vieille maison en ruine où survivait, dans des conditions de malheur intermittent, le reste de ma famille. J'abandonnais sans regret ma chambre et mes livres. Les nuits je dormais dans une mosquée. Recroquevillée dans ma djellaba, le capuchon rabattu sur le visage, je pouvais passer pour un homme, un montagnard égaré dans la ville. Alors j'eus l'idée de me déguiser en homme. Il suffisait de peu : arranger les apparences. Quand j'étais jeune et rebelle, je m'amusais à transformer mon image. J'ai toujours été mince, ce qui facilitait le jeu. C'était une expérience assez extraordinaire de passer d'un état à un autre. Dans mon cas j'allais changer d'image, changer de visage dans le même corps, et aimer porter ce masque jusqu'à en profiter avec excès.

Et puis tout s'est arrêté, tout s'est figé : l'instant est devenu une chambre, la chambre est devenue une journée ensoleillée, le temps une vieille carcasse oubliée dans cette caisse en carton, dans cette caisse il y a de vieilles chaussures dépareillées ; une poignée de clous neufs, une machine à coudre Singer qui tourne toute seule, un gant d'aviateur pris sur un mort, une araignée fixée dans le fond de la caisse, une lame de rasoir Minora, un œil en verre, et puis l'inévitable miroir en mauvais état et qui s'est débarrassé de toutes ses images, d'ailleurs tous ces objets dans la caisse sont de sa propre et seule imagination, depuis qu'il s'est éteint, depuis qu'il est devenu un simple morceau de verre, il ne donne plus d'objets, il s'est vidé durant une longue absence... Je sais à présent que la clé de notre histoire est parmi ces vieilles choses... Je n'ose pas fouiller de peur de me faire arracher la main par des mâchoires mécaniques qui, malgré la rouille, fonctionnent encore..., elles ne proviennent pas du miroir mais de son double..., j'ai oublié de vous en parler, en fait je n'ai pas oublié mais c'est par superstition..., tant pis... Nous ne sortirons pas de cette chambre sans trouver la clé, et pour cela il va falloir évoquer ne serait-ce que par allusion le double du miroir... Ne le cherchez pas des yeux ; il n'est pas dans cette chambre, du moins il n'est pas visible. C'est un jardin paisible avec des lauriers-roses, des pierres lisses qui captent et gardent la lumière, ce jardin est figé lui aussi, suspendu, il est secret, son chemin est secret, son existence n'est connue que de très rares personnes, celles qui se sont familiarisées avec l'éternité, assises là-bas sur une dalle qui maintient le jour intact, retenu dans leur regard ; elles détiennent les fils du commencement et de la fin ; la dalle ferme l'entrée du jardin, le jardin donne sur la mer, et la mer avale et emporte toutes les histoires qui naissent et meurent entre les fleurs et les racines des plantes..., quant au jour, il a retenu en lui, dans son espace, l'été et l'hiver, ils sont là mêlés à la même lumière...

J'ai appris ainsi à être dans le rêve et à faire de ma vie une histoire entièrement inventée, un conte qui se souvient de ce qui s'est réellement passé. Est-ce par ennui, est-ce par lassitude qu'on se donne une autre vie mise sur le corps comme une djellaba merveilleuse, un habit magique, un manteau, étoffe du ciel, paré d'étoiles, de couleurs et de lumière ?

Depuis ma réclusion, j'assiste, muette et immobile, au déménagement de mon pays : les hommes et l'Histoire, les plaines et les montagnes, les prairies et même le ciel. Restent les femmes et les gosses. On dirait qu'ils restent pour garder le pays, mais ils ne gardent rien. Ils vont et viennent, s'agitent, se débrouillent. Ceux qui ont été chassés des campagnes par la sécheresse et les détournements d'eau rôdent dans les villes. Ils mendient. On les rejette, on les humilie et ils continuent de mendier. Ils arrachent ce qu'ils peuvent. Des enfants..., il en meurt beaucoup, beaucoup trop... Alors on en fait, encore et encore... Naître garçon est un moindre mal... Naître fille est une calamité, un malheur qu'on dépose négligemment sur le chemin par lequel la mort passe en fin de journée... Oh ! je ne vous apprends rien. Mon histoire est ancienne..., elle date d'avant l'Islam... Ma parole n'a pas beaucoup de poids... Je ne suis qu'une femme, je n'ai plus de larmes. On m'a tôt appris qu'une femme qui pleure est une femme perdue... J'ai acquis la volonté de n'être jamais cette femme qui pleure. J'ai vécu dans l'illusion d'un autre corps, avec les habits et les émotions de quelqu'un d'autre. J'ai trompé tout le monde jusqu'au jour où je me suis aperçue que je me trompais moi-même. Alors je me suis mise à regarder autour de moi et ce que j'ai vu m'a profondément choquée, bouleversée. Comment ai-je pu vivre ainsi, dans une cage de verre, dans le mensonge, dans le mépris des autres ? On ne peut passer d'une vie à une autre juste en enjambant une passerelle. Il fallait quant à moi me débarrasser de ce que je fus, entrer dans l'oubli et liquider toutes les traces. L'occasion allait m'être donnée par les gosses, tous ces gamins des bidonvilles, renvoyés des écoles, sans travail, sans toit, sans avenir, sans espoir. Ils étaient sortis dans les rues, d'abord les mains nues, ensuite les mains pleines de pierres, réclamant du pain. Ils hurlaient n'importe quel slogan... Ils n'en pouvaient plus de contenir leur violence..., des femmes et des hommes sans travail les rejoignirent. J'étais dans la rue, ne sachant quoi penser..., je n'avais pas de raison de manifester avec eux. Je n'avais jamais connu la faim. L'armée a tiré dans la foule. Je me suis trouvée mêlée aux gosses presque par hasard. J'étais avec eux, face aux forces de l'ordre. Je connus ce jour-là la peur et la haine. Tout a basculé sur-le-champ. Je reçus une balle à l'épaule, des femmes qui étaient à leur porte pour encourager les manifestants me ramassèrent en vitesse et me cachèrent chez elles. En entrant dans cette maison de pauvres, recueillie par des femmes dont les enfants devaient être parmi la foule, j'eus une émotion très forte jusqu'à oublier la douleur causée par la blessure. Elles s'occupèrent de moi avec efficacité et gentillesse. Depuis ce jour, je m'appelle Fatouma. Elles me gardèrent longtemps chez elles. La police recherchait partout les blessés pour les arrêter. Elle gardait même les cimetières. Le principe était de nettoyer le pays de la mauvaise graine pour empêcher de nouvelles émeutes. Hélas ! le pays ne fut pas vraiment nettoyé…, d'autres émeutes, plus sanglantes, eurent lieu quinze et vingt ans après…

Entre-temps j'avais perdu le grand cahier où je consignais mon histoire. J'essayai de le reconstituer mais en vain ; alors je sortis à la recherche du récit de ma vie antérieure. La suite vous la connaissez. J'avoue avoir pris du plaisir à écouter le conteur, puis vous. J'ai eu ainsi le privilège, vingt ans plus tard, de revivre certaines étapes de ma vie. A présent je suis bien fatiguée. Je vous prie de me laisser. Comme vous le voyez, je suis vieille mais pas très âgée. Ce n'est pas courant d'être porteur de deux vies. J'ai tellement peur de m'embrouiller, de perdre le fil du présent et d'être enfermée dans ce fameux jardin lumineux d'où pas un mot ne doit filtrer.

17

Le troubadour aveugle

« Le Secret est sacré, mais il n'en est pas moins un peu ridicule. »

L'homme qui parlait ainsi était aveugle. Apparemment pas de canne. Juste sa main posée sur l'épaule d'un adolescent. Habillé d'un costume sombre, grand et mince, il vint s'asseoir à la table des deux hommes qui méditaient encore l'histoire de Fatouma. Personne ne l'avait invité. Il s'excusa, ajusta ses lunettes noires, donna une pièce à son accompagnateur pour qu'il aille s'amuser, puis se tourna vers la femme et lui dit :

— C'est vrai ! Le Secret est sacré, mais, quand il devient ridicule, il vaut mieux s'en débarrasser... Et puis vous allez sans doute me demander qui je suis, qui m'a envoyé et pourquoi je débarque ainsi dans votre histoire... Vous avez raison. Je vais vous expliquer... Non... Sachez simplement que j'ai passé ma vie à falsifier ou altérer les histoires des autres... Qu'importe d'où je viens et je ne saurais vous dire si mes premiers pas se sont imprimés sur la boue de la rive orientale ou de la rive occidentale du fleuve. J'aime inventer mes souvenirs. Cela dépend du visage de mon interlocuteur. Il est ainsi des visages où apparaît une âme et d'autres où n'apparaît qu'un masque de peau humaine ridée et sans rien derrière. J'avoue que, depuis ma cécité, je fais confiance à mes intuitions. Je voyage beaucoup. Avant je ne faisais qu'observer, regarder, scruter et noter dans ma tête. A présent je refais les mêmes voyages. J'écoute. Je tends l'oreille et j'apprends beaucoup de choses. C'est curieux comme l'oreille travaille. J'ai l'impression qu'elle nous renseigne plus et mieux sur l'état des choses. Il m'arrive de toucher des visages pour déceler en eux les traces de l'âme. J'ai fréquenté beaucoup les poètes et les conteurs. J'amassais leurs livres, je les rangeais, je les protégeais. J'avais même installé un lit dans mon lieu de travail. J'étais un veilleur de jour et de nuit. Je dormais entouré de toutes ces œuvres dont j'étais l'ami vigilant, le confident et aussi le traître.

Je viens de loin, d'un autre siècle, versé dans un conte par un autre conte, et votre histoire, parce qu'elle n'est pas une traduction de la réalité, m'intéresse. Je la prends telle qu'elle est, artificielle et douloureuse. Quand j'étais jeune, j'avais honte d'être quelqu'un n'aimant que les livres au lieu d'être un homme d'action. Alors j'inventais avec ma sœur des histoires où je devais tout le temps me battre contre les fantômes, et je passais aisément d'une histoire à une autre sans jamais me soucier de la réalité. C'est ainsi qu'aujourd'hui je me trouve comme une chose déposée dans votre conte dont je ne sais rien. J'ai été expulsé — le mot est peut-être fort — d'une histoire que quelqu'un me murmurait à l'oreille comme si j'étais un mourant auquel il fallait dire des choses poétiques ou ironiques pour l'aider à partir. Quand je lis un livre, je m'installe dedans. C'est mon défaut. Je vous ai dit tout à l'heure que j'étais un falsificateur, je suis le biographe de l'erreur et du mensonge. Je ne sais pas quelles mains m'ont poussé jusqu'à vous. Je crois que ce sont celles de votre conteur qui doit être un contrebandier, un trafiquant de mots. Pour vous aider, je vous dis d'où je viens, je vous livre les dernières phrases de l'histoire que j'ai vécue, et de là nous pourrons peut-être dénouer l'énigme qui vous a réunis :

« Dans une aube sans oiseaux le magicien vit fondre sur les murs l'incendie concentrique. Un instant, il pensa se réfugier dans les eaux, mais il comprit aussitôt que la mort venait couronner sa vieillesse et l'absoudre de ses travaux. Il marcha sur les lambeaux de feu. Ceux-ci ne mordirent pas sa chair, ils le caressèrent et l'inondèrent sans chaleur et sans combustion. Avec soulagement, avec humiliation, avec terreur, il comprit que lui aussi était une apparence, qu'un autre était en train de le rêver. »

Je suis cet autre qui a traversé un pays sur une passerelle reliant deux rêves. Est-ce un pays, un fleuve ou un désert ? Comment le saurais-je ? En ce jour d'avril 1957, nous sommes à Marrakech, dans un café dont la salle du fond sert à stocker les sacs d'olives fraîches. Nous sommes à côté d'une gare routière. Ça pue l'essence. Des mendiants de tous âges rôdent autour de nous. Je les sens encore plus amers qu'hier. L'appel à la prière émis à partir d'une petite mosquée qui doit se trouver à moins de cent cinquante mètres à ma gauche ne les fait pas bouger. Et pourquoi se précipiteraient-ils à la mosquée? Je les comprends mais je ne peux rien pour eux. Pendant longtemps j'ai eu mauvaise conscience de voyager dans des pays pauvres. J'ai fini par m'habituer et même ne plus être sensible. Nous sommes donc à Marrakech, au cœur de Buenos Aires dont les rues, ai-je dit une fois, « sont comme les entrailles de mon âme », et ces rues se souviennent très bien de moi.

Je suis venu, porteur d'un message. C'est une femme, probablement arabe, en tout cas de culture islamique, qui s'est présentée un jour à moi, recommandée, me semble-t-il, par un ami dont je n'avais plus de nouvelles depuis longtemps. A l'époque je n'étais pas encore aveugle ; ma vue baissait énormément et tout m'apparaissait flou et hachuré. Je ne peux donc décrire le visage de cette femme. Je sais qu'elle était mince et portait une robe longue. Mais ce dont je me souviens très bien et qui m'avait frappé, c'était sa voix. J'ai rarement entendu une voix aussi grave et aiguë en même temps. Voix d'homme qui aurait subi une opération sur les cordes vocales? Voix de femme blessée à vie? Voix d'un castrat vieilli avant l'âge? Il me semblait avoir déjà entendu cette voix dans un des livres que j'avais lus. C'était, je crois, dans un des contes des *Mille Nuits et Une Nuit,* l'histoire de cette servante nommée Tawaddud qui, pour sauver son maître de la débâcle, lui proposa de comparaître devant le calife Hârûn al-Rachid et répondre aux questions les plus difficiles des savants — elle était douée d'un savoir universel —, ce qui permettrait à son propriétaire, en cas de succès total, de la vendre au calife pour dix mille

174

dinars. Elle fut bien sûr victorieuse de l'épreuve. Hârûn al-Rachid accepta dans sa cour Tawaddud et son maître et les gratifia de plusieurs milliers de dinars.

C'est un conte sur la science et la mémoire. J'ai aimé cette histoire parce que j'étais moi-même séduit par le savoir de cette servante et jaloux de sa rigueur et de sa finesse.

A présent, j'en suis quasiment certain : la femme qui m'a rendu visite avait la voix de Tawaddud. Et pourtant des siècles les séparent ! La servante n'avait que quatorze ans, la femme était plus âgée. Mais tout cela n'est que coïncidence et hasard. J'ai oublié ce qu'elle m'a dit. En fait, je ne l'écoutais pas mais j'entendais sa voix. Lorsqu'elle se rendit compte que je ne faisais pas attention à ce qu'elle me disait, elle fouilla dans une poche intérieure, en sortit une pièce de monnaie et me la donna. Ce geste me troubla. Elle connaissait donc ma passion pour les pièces de monnaie ancienne. Je palpai la pièce. C'était un bâttène de cinquante centimes, monnaie rare qui a circulé pendant peu de temps en Egypte vers les années 1852. Le bâttène que j'avais dans ma main était bien usé. Avec les doigts, j'essayai de reconstituer les effigies gravées sur l'avers et la face. La date d'émission, 1851, était en chiffres indiens. Je n'ai jamais compris pourquoi les Arabes ont renoncé à leurs propres chiffres, abandonnés au monde entier, pour adopter ces espèces d'hiéroglyphes indiens où le 2 est l'envers du 6, le 8 un 7 renversé, le 5 est un zéro et le zéro un point banal ! Sur le côté face, une figure d'homme avec une moustache fine, une chevelure longue et les yeux assez grands. Sur l'avers, le même dessin

175

sauf que l'homme n'a plus de moustache et qu'il a une apparence féminine. J'appris plus tard que la pièce avait été frappée par le père de deux jumeaux, un garçon et une fille pour lesquels il éprouvait une passion folle. C'était un homme puissant, un grand féodal, propriétaire terrien et dirigeant politique. En fait cette monnaie n'était pas officielle. Il l'avait fabriquée pour son plaisir, elle ne circulait qu'à l'intérieur de son domaine.

En 1929, nous avons eu à Buenos Aires une monnaie courante de vingt centimes et qui s'appelait le Zahir. Vous savez bien ce que signifie ce mot : l'apparent, le visible. C'est le contraire du bâttène, qui est l'intérieur, ce qui est enterré dans le ventre. N'est-ce pas cela le secret ? Mais ce qui est curieux, c'est que la pièce de monnaie avec ces deux figures semblables enlevait au secret une part de son mystère. Je sais, pour l'avoir noté par écrit, que le Zahir est le fond d'un puits à Tétouan, comme il serait, selon Zotenberg, une veine dans le marbre de l'un des mille deux cents piliers à la mosquée de Cordoue. Le bâttène n'avait de sens que parce qu'une main étrangère me le donnait. C'était une sorte de mot de passe entre membres d'une même secte. Or, moi, je n'appartenais à aucune secte et je ne comprenais pas ce que ce geste voulait signifier.

Je pris une loupe et me mis à rechercher quelque signe particulier qu'on aurait gravé sur l'une des faces de la pièce de monnaie. Il y avait une croix mais qui devait être le fait du hasard et du temps.

La dame m'observait en silence. Je l'invitai à s'asseoir sur un vieux canapé en cuir. Elle était toute menue, ramassée sur elle-même au fond de ce fauteuil. Quand ses yeux n'étaient pas posés sur mes mains palpant la pièce de monnaie, ils faisaient le tour de la chambre tapissée de livres. On aurait dit qu'elle comptait les ouvrages et je remarquais que sa tête suivait le mouvement de son regard. A un certain moment, elle se leva et s'approcha lentement du rayon du fond d'où elle sortit un Coran manuscrit qu'un ministre copte du roi Farouk m'avait offert lors d'une visite à l'université d'Al Azhar au Caire.

Il y avait dans sa démarche quelque chose de fragile, de gauche et de gracieux en même temps. Elle se tourna vers moi et me dit dans un espagnol approximatif : Que faites-vous avec un manuscrit en arabe ? Je lui répondis que j'aimais l'écriture arabe, la calligraphie et les miniatures persanes. Je lui ai même raconté que j'allais au moins une fois par an à Cordoue pour avoir la nostalgie de l'Andalousie heureuse. Je lui dis aussi que toutes les traductions que j'avais lues du Coran m'avaient donné la forte intuition que le texte arabe devait être sublime. Elle acquiesça de la tête et se mit à lire à voix basse quelques versets. C'était un murmure entre le chant et la complainte. Je la laissai ainsi, plongée dans le Livre, avec la béatitude et la passion de l'être qui venait de trouver ce qu'il cherchait depuis longtemps. J'eus un moment l'idée de lui faire écouter un enregistrement de Cheikh Abdessamad psalmodiant la Sourate IX, « Revenir de l'erreur ou l'Immunité », mais j'y renonçai.

Situation étrange ! On aurait dit que j'étais dans un livre, un de ces personnages pittoresques qui apparaissent au milieu d'un récit pour inquiéter le lecteur ; j'étais

177

peut-être un livre parmi les milliers serrés les uns contre les autres dans cette bibliothèque où je venais naguère travailler. Et puis un livre, du moins tel que je le conçois, est un labyrinthe fait à dessein pour confondre les hommes, avec l'intention de les perdre et de les ramener aux dimensions étroites de leurs ambitions.

Ainsi, je me suis trouvé, en cet après-midi de juin 1961, enfermé dans ma bibliothèque avec une dame mystérieuse, tenant entre les doigts une ancienne pièce de monnaie qui n'avait même pas servi. Au moment du crépuscule, le ciel se chargea d'un mauve teinté de jaune et de blanc. J'eus le sentiment que c'était cela le visage de la mort heureuse. Je n'avais pas peur. Je savais déjà que la mort ou son allusion rend les hommes précieux et pathétiques. Je l'avais fréquentée dans les livres et le songe. Je fermai les yeux, et, là, j'ai vu comme un éclair le visage d'un homme tourmenté ; dans mon esprit il ne pouvait être que le père de la dame assise chez moi en train de lire le Coran… A partir de cette vision, je n'étais plus le même, je venais de mettre tout mon corps dans un engrenage. Ce n'était pas pour me déplaire, mais j'aurais préféré diriger moi-même les opérations. J'étais agi, et mon imagination n'avait qu'à suivre sans intervenir. Je me dis, à force d'inventer des histoires avec des vivants qui ne sont que des morts et de les jeter dans des sentiers qui bifurquent ou dans des demeures sans meubles, remplies de sable, à force de jouer au savant naïf, voilà que je suis enfermé dans cette pièce avec un personnage ou plutôt une énigme, deux visages d'un même être complètement embourbé dans une histoire inachevée, une histoire sur l'ambiguïté et la fuite ! Je suis resté assis, jouant ma vie à pile ou face avec le bâttène. Une voix intérieure me disait avec juste ce qu'il fallait d'ironie : « Le soleil du matin resplendissait sur l'épée de bronze, où il n'y avait déjà plus trace de sang. Le croiras-tu ? Le vieil homme s'est à peine défendu. »

J'étais ce vieil homme, prisonnier d'un personnage que j'aurais pu modeler si j'avais séjourné un peu plus longtemps au Maroc ou en Egypte. Je devais alors l'écouter. La dame ferma le Coran, le posa sur la table qui nous séparait. Le Livre saint ainsi mis entre nous devait empêcher le mensonge. En tout cas, il n'était pas là par hasard. La dame me tendit la main pour reprendre la pièce de monnaie. Elle l'examina, la déposa sur le Coran, puis, sur un ton neutre, elle me dit : « Aux point et lieu où je suis arrivée je m'arrête un moment, je me dépouille de mes oripeaux, j'enlève une à une toutes mes peaux, tel un oignon je m'éplucherai devant vous jusqu'à l'ultime substance pour dire la faute, l'erreur et la honte. »

Après un long silence, fixant le Coran, elle reprit : « Si j'ai décidé de parler aujourd'hui, c'est parce qu'enfin je vous ai trouvé. Vous seul êtes capable de comprendre pourquoi je suis ici en ce moment. Je ne suis pas un de vos personnages, j'aurais pu l'être ; mais ce n'est pas en tant que silhouette remplie de sable et de mots que je me présente à vous. Depuis quelques années, je ne suis qu'une errance absurde. Je suis un corps en fuite. Je crois même savoir que je suis recherchée dans mon pays pour meurtre, usurpation d'identité, abus de confiance et vol d'héritage. Ce que je cherche, ce n'est pas la vérité. Je suis incapable de la reconnaître. Ce n'est pas la justice non plus. Elle est impossible. Il y a dans ce Livre des versets qui ont fonction de loi ; ils ne donnent pas raison à la femme. Ce que je cherche, ce n'est pas le pardon, car ceux qui auraient pu me le donner ne sont plus là. Et pourtant j'ai besoin de justice, de vérité, et de pardon. Je suis allée de pays en pays avec la passion secrète de mourir dans l'oubli et de renaître dans le linceul d'un destin lavé de tout soupçon. Etre enfin illuminée par l'idée de cette mort heureuse qui a le pouvoir de m'affranchir de tout ce qui pèse sur moi comme une éternelle malédiction. J'ai appris à détacher ma vie de ces lieux et objets qui s'effritent dès qu'on y touche. Je suis partie, chassée de mon passé par moi-même, croyant qu'en m'éloignant du pays natal je trouverais l'oubli et la paix et que je mériterais enfin la consolation. J'ai tout quitté : la vieille maison, l'autorité que j'étais condamnée à exercer sur ma famille, les livres, le mensonge et l'immense solitude qui m'était imposée. Je ne pouvais plus simuler une vie qui me faisait honte. »

Je vous avoue que, jusqu'à présent, je ne comprenais pas où elle voulait en venir. Je l'écoutais avec patience et curiosité parce qu'elle avait su m'intriguer, elle avait su faire naître chez moi cette attention qui me clouait dans mon fauteuil et me faisait oublier le temps. Avant de la recevoir je me sentais désœuvré. Je tournais en rond dans ma bibliothèque. J'étais déjà âgé et la plupart de mes amis étaient morts. Ma vue baissait de plus en plus. Ma cécité était irrémédiable. Le médecin m'avait prévenu. Je me préparai à cette solitude pénible où l'on devient dépendant. Sa visite, annoncée par plusieurs lettres, m'intéressait d'autant plus qu'elle s'était recommandée de Stephen Albert, un vieil ami, mort depuis longtemps. Il avait été missionnaire à Tientsin. Je trouvais la démarche amusante. Elle ne savait pas que Stephen était mort, ni même qui il était réellement. Cela m'était déjà arrivé de recevoir des lettres signées du nom d'un de mes personnages. Après tout je n'inventais rien. Je lisais les livres et les encyclopédies, je fouillais dans les dictionnaires et je rapportais des histoires assez vraisemblables pour le plaisir et aussi pour narguer l'angoisse du temps qui creuse chaque jour un peu plus notre fosse commune. Je n'ai cessé toute ma vie d'opposer le pouvoir des mots — les signes des langues orientales calligraphiés pour donner le vertige — à la force du monde réel et imaginaire, visible et caché. Il faut dire que j'avais plus de plaisir à m'aventurer dans le songe et l'invisible que dans ce qui m'apparaissait violent, physique, limité.

Après un long silence où la dame attendait une réplique ou une réaction encourageante, je lui dis, comme dans un jeu, quelque chose de terrible, une des rares phrases dont je me souvienne pour l'avoir écrite en 1941 : « Celui qui se lance dans une entreprise atroce doit s'imaginer qu'il l'a déjà réalisée, il doit s'imposer un avenir irrévocable comme le passé. » Je ne savais pas que cette parole allait lui faire mal. Je la condamnais à persévérer dans son être. J'ai eu tort. De quel droit ai-je prononcé cette sentence ? Moi, dans ma retraite, pas très loin de la mort, déjà au seuil de la cécité, entouré de couches de ténèbres qui avançaient lentement pour me retirer définitivement le jour, sa lumière et son soleil, pourquoi ai-je eu plaisir à jouer avec le destin de cette dame ? Il fallait bien dire quelque chose, ne pas rester muet ou indifférent. C'est curieux, mais cette femme au bord du naufrage réveilla en moi le souvenir du désir, et parfois le souvenir d'une émotion est plus violent, plus fort que la réalité elle-même. Comment vous dire cela, aujourd'hui que je suis revenu dans le noir avec le Coran ouvert et une vieille pièce de monnaie ? Il y avait pour moi davantage d'ambiguïté dans sa présence chez moi que dans l'histoire de sa vie. Je la soupçonnais d'être encore masquée, capable de jouer sur les deux rives du fleuve. Oui, ce désir me ramena trente années en arrière ou en avant. En tout cas je me sentais propulsé dans le temps, et, comme j'avais renoncé à marquer l'écoulement du temps par des repères, cela me mettait parfois dans des situations où j'étais égaré. C'était cela mon labyrinthe personnel que j'aime appeler le « Pavillon de la Solitude limpide ». Je reconstituais mentalement les étapes du désir que j'avais eu pour une femme qui venait m'emprunter des livres dans la bibliothèque. Elle était très mince, grande, fine et gracieuse. Elle parlait peu et lisait beaucoup. J'essayais de deviner son caractère, son intimité, ses passions secrètes, à travers les livres qu'elle prenait à la bibliothèque. Je me souviens qu'elle avait lu toutes les traductions disponibles des *Mille Nuits et Une Nuit*. Elle lisait Shakespeare dans le texte. Je pensais qu'elle se préparait à une carrière d'artiste. Je ne savais rien d'elle. Un jour, nous nous sommes trouvés seuls dans une allée étroite entre deux rayons de livres. Nous étions dos à dos, chacun cherchant un ouvrage de son côté. A un certain moment elle se tourna vers moi et, par une coïncidence étrange et heureuse, nos mains se posèrent presque simultanément sur le même livre : *Don Quichotte*. Je le cherchais secrètement pour elle, non pour le lui faire découvrir mais pour lui demander de le relire. Nos deux corps étaient si proches l'un de l'autre que je sentis monter en moi une vague de chaleur que les timides connaissent bien. Sa chevelure me frôlait le visage. Cela dura une petite minute, mais c'était assez pour perdre ma sérénité. Elle emporta le livre et je ne l'ai plus jamais revue. Il m'arrive encore de penser à elle et surtout de revivre ce moment troublant. Il est des émotions qui vous marquent pour la vie, Et, depuis, sans me l'avouer, je recherche ce visage, ce corps, cette apparence furtive. A présent, j'ai perdu tout espoir de la retrouver. Et, même si cela se réalisait, je serais bien malheureux.

L'image de cette femme me visite de temps en temps dans un rêve qui se transforme en cauchemar. Elle s'approche lentement de moi, sa chevelure au vent me frôle de tous les côtés, me sourit, puis s'enfuit. Je me mets à courir derrière elle et me trouve dans une grande maison andalouse où les chambres communiquent, ensuite, juste avant de sortir de la maison, et c'est là que les désagréments commencent, elle s'arrête et me laisse approcher d'elle, quand j'arrive à presque l'attraper, je constate que c'est quelqu'un d'autre, un homme travesti ou un soldat ivre. Quand je veux quitter la maison qui est un labyrinthe, je me trouve dans une vallée, puis dans un marécage, puis dans une plaine entourée de miroirs, ainsi de suite à l'infini.

Depuis que j'ai perdu la vue, je ne fais que des cauchemars. Je suis poursuivi par mes propres livres.

C'est pour cela que j'aime bien appeler le cauchemar « fable de la nuit » ou le « cheval noir du récit » ou bien encore le « rire gras du jour »...

Récemment j'ai fait le même rêve et je crois que je courais derrière cette femme du Maroc qui était venue me parler. C'était la même grande maison située à Cordoue, et, quand je sortais, je ne me trouvais pas en Andalousie mais à Tétouan. C'était la femme qui m'entraînait. Elle me tirait par la main. Je résistais. Je ne voulais pas marcher dans les rues de Tétouan. Elle me lâchait ensuite et je me retrouvais seul dans la grande place qui s'appelait « plaza Cervantes » — elle a changé de nom aujourd'hui, je crois qu'on l'appelle « place de la Victoire », victoire sur qui, sur quoi ? Je ne sais pas. J'ai fait plusieurs fois ce rêve. J'étais venu à Tétouan en 1936. Il y avait là beaucoup d'Espagnols, surtout des petites gens poussées par l'ambition coloniale, et pas mal de phalangistes sournois. Je me souviens d'une petite ville paisible d'où allait démarrer une partie du mouvement nationaliste marocain.

Vous savez, quand on est aveugle, on vit de nostalgie, qui est pour moi une brume lumineuse, l'arrière-pays de mon passé. La nuit tombe sans cesse sur mes yeux ; c'est un long crépuscule. Si je fais l'éloge de l'ombre, c'est parce que cette longue nuit m'a redonné l'envie de redécouvrir et de caresser. Je ne cesse de voyager. Je reviens sur les pas de mes rêves-cauchemars. Je me déplace pour vérifier, non les paysages, mais les parfums, les bruits, les odeurs d'une ville ou d'un pays. Je prends prétexte de tout pour faire des séjours ailleurs. Je ne me suis jamais autant déplacé que depuis ma cécité !

Je continue de penser que toute chose est donnée à l'écrivain pour qu'il en use : le plaisir comme la douleur, le souvenir comme l'oubli. Peut-être que je finirai par savoir qui je suis. Mais cela est une autre histoire.

Pendant que ce vieil homme, les mains jointes sur sa canne, parlait, il fut petit à petit entouré de gens de toutes sortes. Le café devint une place ou plus exactement une salle de classe dans une école. Ceux qui l'écoutaient étaient assis sur des chaises. On aurait dit un professeur donnant une conférence devant ses étudiants. Les gens étaient fascinés par ce visage où il n'y avait plus de regard, séduits aussi par cette voix légèrement enrouée. Ils écoutaient ce visiteur venu d'un autre siècle, venu d'un pays lointain et presque inconnu.

Il avait senti, au bruit des chaises et au silence qui régnait dans le café, qu'un public s'était formé et qu'il l'écoutait ou le regardait attentivement. A un moment, il s'arrêta, puis demanda : Vous êtes tous là ? Je n'entends plus ce tumulte d'or sur la montagne... Je suis arrivé dans ce pays, porté par ma solitude, et je vous cherche au fond de la nuit, princesse échappée d'un conte ; vous qui m'écoutez, si vous la voyez, dites-lui que l'*homme qui fut aimé par la lune* est là, que je suis le secret et l'esclave, l'amour et la nuit.

L'assistance resta silencieuse. Soudain un homme se leva et dit :

— Vous êtes le bienvenu ici..., parlez-nous de cette femme qui vous a donné le bâttène..., que vous a-t-elle raconté ?

Un autre lança du fond de la salle :
— Oui ! Que t'a dit cette femme ?
De sa main il fit signe à l'assistance d'être patiente, but une gorgée de thé, puis reprit son histoire :

La femme était angoissée. Elle essayait de ne pas le montrer, mais ces choses-là, on les sent. Elle devait avoir peur, comme si elle était poursuivie par la vengeance, la mauvaise conscience ou tout bêtement par la police. Je ne sais pas si elle avait commis le crime dont elle s'accusait. Je sais qu'elle avait suivi un étranger, un Arabe d'Amérique latine. C'était un commerçant égyptien ou libanais venu acheter des tapis et des bijoux. Elle partit avec lui, croyant échapper à son passé. Pour l'homme c'était une histoire d'amour. Pour elle c'était l'occasion de fuir. Et pourtant elle a vécu avec ce riche négociant quelques années. Elle ne lui donna pas d'enfant. L'homme était malheureux. Elle portait un fardeau et disait souvent cette phrase que je vous livre telle quelle : « Je vivrai de m'oublier. » L'homme était un commerçant, pas un poète. Il était bouleversé par sa beauté et sa fragilité. Au début elle voulut l'aider dans ses affaires, mais cela le vexait un peu. Elle passait des journées entières dans une grande maison située au quartier nord de Buenos Aires. Elle ne me l'a pas dit, mais j'ai su plus tard par Fernando Torrès, l'auteur du *Rapport inachevé,* qu'il s'était passé des choses étranges dans la maison d'un négociant arabe.
A sa première visite, elle parla peu. La seconde fois — c'était dix-sept jours après —, elle parla un peu plus, mais ne confia aucun secret. Je la sentais traquée,

blessée, au seuil d'un ravin, en haut d'une falaise. Elle parlait de disparaître, de se fondre dans du sable. Elle disait être poursuivie jour et nuit par des gens à qui elle avait fait du mal. Et lorsqu'elle ne se plaignait plus elle ajoutait dans un soupir : « Après tout je ne sais même pas qui je suis ! » Ce que j'ai retenu de sa confession, c'est qu'elle était capable d'au moins trois choses : avoir vécu la vie d'un autre, avoir laissé quelqu'un mourir, avoir menti et pris la fuite. Cela ne me suffisait pas pour imaginer une intrigue policière. En fait, au lieu de l'intrigue, j'ai eu droit à l'énigme. J'ai été envoûté par cette femme. Bien après sa disparition, il m'arrivait de sentir comme une urgence l'envie de la rechercher, de lui parler, de l'interroger. Elle cultivait le mystère. Elle fut peut-être la seule à ne pas me parler des labyrinthes, des miroirs et des tigres. En tout cas elle fut le dernier visage que ma vue enregistra pour l'éternité. Un visage plein. Comme vous le devinez, je n'ai jamais aimé les visages plats ni les mains épaisses et moites.

A l'époque je venais d'avoir cinquante-cinq ans. Une partie de ma vie était ainsi achevée. La cécité est une clôture, mais c'est aussi une libération, une solitude propice aux inventions, une clef et un algèbre. J'accueillis alors cette nappe de brouillard avec optimisme. Certes la pénombre, invariable et immobile, est insupportable. Je m'appliquais au deuil des couleurs. J'ai perdu le rouge à jamais. Quant au noir, il s'est confondu avec la nuit inopportune. Seul le jaune s'est maintenu dans cette brume. Je décidai de changer non ma perception mais mes préoccupations. Ma vie fut principalement consacrée aux livres. J'en ai écrit, publié, détruit, lu, aimé..., toute ma vie avec des livres. Cette femme, envoyée par une main bienfaisante, vint, juste avant ma nuit, me donner une dernière image, offrir à mon souvenir son visage entièrement tourné vers un passé que je devais deviner. Je me suis dit que ce n'était pas un hasard, mais bien le fait d'une bonté anonyme : emporter dans mon voyage souterrain l'image d'une beauté émue. J'entrai dans l'obscurité accompagné de ce visage qui allait, plus que les livres, occuper ma vie, ce long couloir du crépuscule. Je peux dire aujourd'hui que j'ai peiné sur ce visage dont les contours m'échappaient souvent. Etait-ce l'image d'une image, simple illusion, voile posé sur une vie, ou métaphore élaborée dans un rêve ? Je sais que l'intérêt porté à ce visage et à cette intrusion dans une intimité fatiguée m'a redonné la jeunesse, ce courage de voyager et d'aller à la recherche de quelque chose ou de quelqu'un.

Avant de partir sur les traces de ce visage, j'ai dû me débarrasser de quelques secrets. Je n'étais plus tenu de les garder. Je suis allé là où passait le ruisseau du Maldonado — aujourd'hui il est enterré — et me suis lavé avec une pierre lisse, cette même pierre qui remplace l'eau des ablutions pour les musulmans dans le désert. J'ai fait mes ablutions en pensant aux amis disparus et à tout ce qu'ils me confièrent avant leur mort. Seul le Secret de cette femme arabe est resté là, dans ma cage thoracique. C'est lui qui me garde, et je n'en connais aucun élément, si ce n'est l'histoire d'un déguisement qui a tourné mal. La pièce de monnaie était un signe pour guider mes recherches. C'est en me promenant dernièrement dans les jardins d'Al Hambra, en étant submergé par les parfums de la terre fraîche retournée par les jardiniers espagnols pour y planter des roses, que j'ai eu la très forte intuition que ce visage était une âme chargée de tourments et qu'il fallait continuer le voyage jusqu'à Tétouan, jusqu'à Fès et Marrakech. Cette visite a quelque chose du pèlerinage. Je dois accomplir cela sans m'arrêter jusqu'à redonner à cette âme la paix, la sérénité et le silence dont elle a besoin. C'est une âme enchaînée. Elle souffre. Cette femme est peut-être morte depuis longtemps. Mais je continue d'entendre sa voix qui ne parle pas mais murmure ou geint. Je suis habité par cette douleur et seule la terre de ce pays, sa lumière, ses odeurs et ses fureurs sauront lui rendre la paix. Elle aurait voulu me raconter son histoire sans en atténuer ce qu'elle avait d'insupportable, mais elle a préféré me laisser des signes à déchiffrer. La première métaphore est un anneau comportant sept clés pour ouvrir les sept portes de la ville. Chaque porte qui s'ouvre donnerait la paix à son âme. C'est en lisant *le Roman d'Al Mo'atassim,* manuscrit anonyme trouvé au xve siècle sous une dalle de la mosquée de Cordoue, que j'ai compris le sens de ce premier don. Je crois savoir qu'un conteur de l'extrême Sud a essayé de franchir ces portes. Le destin ou la malveillance empêcha ce pauvre homme d'accomplir jusqu'au bout sa tâche.

Le deuxième objet qu'elle me donna est une petite horloge sans aiguille. Elle date de 1851, exactement, l'année où la monnaie de cinquante centimes fut frappée en Egypte, et vite retirée de la circulation. Elle me donna aussi un tapis de prières où est reproduit, dans une trame désordonnée, la fameuse *Nuit de noces de*

189

Chosroës et Hirin, miniature persane illustrant un manuscrit du Khamzeh, œuvre du poète Nizämy. Cela pour l'insolence. Jamais un bon musulman n'irait faire sa prière sur un dessin érotique du xvie siècle ! J'ai essayé de déchiffrer un ordre secret en relation avec les sept clés, l'horloge et la pièce de monnaie. Je ne pense pas avoir trouvé le chemin du dénouement. Cependant la dernière pièce qu'elle me livra n'est pas un objet mais le récit d'un rêve qui commence par un poème qu'elle attribue à Firdoussi qui vécut au xe siècle. Je vous lis le poème tel qu'elle l'a transcrit :

> Dans ce corps clos, il est une jeune fille
> dont la figure est plus brillante que le soleil.
> De la tête aux pieds elle est comme l'ivoire,
> ses joues comme le ciel et sa taille comme un saule.
> Sur ses épaules d'argent deux tresses sombres
> dont les extrémités sont comme les anneaux d'une chaîne.
> Dans ce corps clos, il est un visage éteint,
> une blessure, une ombre, et un tumulte,
> un corps dissimulé dans un autre corps...

Comme vous vous en êtes rendu compte, le poème est trafiqué. C'est cela la mesure de sa détresse. Le rêve nous emmène vers les portes du désert, dans cet Orient imaginé par des écrivains et des peintres.

18

La nuit andalouse

Le rêve était précis et très dense. Je partais à la recherche d'une longue et noire chevelure. Je sortais dans les rues de Buenos Aires guidé, tel un somnambule, par le parfum délicat et rare de la belle chevelure. Je l'apercevais dans la foule. Je pressais le pas. Elle disparaissait. Je continuais ainsi ma course jusqu'à me retrouver hors de la ville, perdu dans les monticules de pierres et de têtes de veau calcinées, au milieu de ces quartiers clandestins qu'on appelle aujourd'hui bidonvilles, seul, oppressé par une odeur de charogne et conspué par une bande de gosses à moitié nus brandissant des morceaux de bois taillés en forme de fusil, jouant aux guérilleros. J'avais peur. Mon rêve devenait un cauchemar. J'oubliais pourquoi j'étais sorti de ma bibliothèque, et comment je me trouvais là face à des gamins affamés prêts à me lyncher. Je n'arrivais pas à courir. J'étais pris au piège de la mort par étouffement. Je connaissais ce malheur. Ce fut à ce moment d'intense agitation que j'aperçus de nouveau la chevelure noire. J'étais sauvé. Je quittai le bidonville sans difficulté. Quelque cent mètres plus loin, une silhouette me fit signe de la main de la suivre. J'obéis et là je me suis trouvé en pleine médina d'une ville arabe. Plus de chevelure en vue. Personne pour me faire un signe. J'étais seul, apaisé et même heureux de me promener dans ces ruelles étroites et ombragées. Les femmes n'étaient pas toutes voilées. Les hommes vantaient avec humour leurs marchandises. Ils vendaient des épices de toutes les couleurs, des babouches, des tapis, des couvertures en laine, des fruits secs. Certains criaient, d'autres chantaient. La médina se présentait à mes yeux comme un enchevêtrement de lieux — des rues et des places — où tous les miracles étaient possibles. J'avais des chances de retrouver la femme à la noire chevelure. Versé d'un bidonville argentin dans une médina arabe, je marchais ébloui et étonné. Les rues étaient jalonnées de petits vendeurs et de vieux mendiants. Il y avait l'aiguiseur de couteaux qui se promenait avec sa roue montée sur un cycle et qui se faisait annoncer en soufflant dans une espèce d'harmonica en plastique qui donnait un bruit strident, reconnaissable de loin. Il y avait le vendeur d'eau, un vieil homme courbé qui poussait un cri long et douloureux — entre le loup menaçant et le chien abandonné — pour vanter la fraîcheur et les bienfaits de cette eau de source mise dans une outre noire qu'il transportait en travers du dos. Il y avait aussi les mendiants répétant à longueur de temps la même litanie de manière quasi mécanique, la main tendue, immobiles, éternels. La rue n'existerait pas sans eux. Elle leur appartenait. Je ne sais comment j'eus soudain la ferme conviction que le vendeur d'eau, l'aiguiseur de couteaux et l'un des mendiants, un homme aveugle, faisaient partie de mon histoire en cours. Je les voyais comme des

192

parents ou des associés. J'étais aussi persuadé qu'ils s'étaient concertés pour me tracer le chemin et composer par leur chant et leur attitude le seul et même visage dans un corps frêle et incertain, ballotté par les flots d'une histoire tissée par toutes ces ruelles. J'observais ces trois hommes postés dans cette médina comme des ombres se déplaçant en suivant le soleil. J'ai su plus tard dans le rêve qu'ils avaient été envoyés là par quelqu'un dont le souvenir me poursuivait comme une douleur. J'avais mal et ne pouvais dire où. En me concentrant sur cette douleur, accroupi à l'entrée d'une mosquée, je vis, comme une apparition, le visage d'une jeune femme, tuméfié, froissé par une crispation intérieure, je vis le visage, puis le corps menu ramassé dans un grand panier à provisions, les jambes devaient être repliées ou enracinées dans la terre. J'étais le seul à voir cette image brutale dans cette ruelle obscure, probablement de l'autre côté de la mosquée. Tout s'obscurcit soudain. La médina devint une ville de ténèbres et je n'entendais que la litanie funèbre des trois hommes. Leurs voix aiguës et nasillardes dessinaient les traits de ce visage. C'était plus qu'une vision, c'était une présence dont je sentais le souffle et la chaleur. Elle disparaissait avec le silence intermittent.

Ce rêve m'a poursuivi pendant plusieurs jours. Je n'osais plus sortir de ma bibliothèque, redoutant la nuit et le sommeil. La noire chevelure n'était en fait que la main prolongée de la mort qui me poussait vers le néant. Pour me débarrasser de cette obsession, je résolus de faire le voyage du rêve. Après tout, entre la mort et moi, il ne doit pas y avoir plus d'une saison. Alors autant aller au-devant de l'épreuve. J'ai oublié de vous dire que dans cette médina la monnaie qui était en circulation n'était autre que la fameuse pièce de cinquante centimes, le bâttène. Il y avait aussi des billets de banque datant de notre époque.

Amis ! Vous avez écouté l'étranger avec la patience de votre hospitalité. Mais, depuis que cette histoire et ses personnages sont venus rôder autour de ma nuit, mon âme s'est assoupie. Comme le jour tombe sur la nuit, les fleuves se perdent dans la mer et ma vie s'impatiente devant l'oubli. Je pensais que la mort viendrait brutalement, sans prévenir, sans cérémonie. Je me suis trompé. Elle a pris des voies tourmentées, ce qui n'est pas pour me déplaire ! Elle a mis du temps. Mon âme s'est réveillée et mon corps s'est levé et s'est mis à marcher. Je l'ai suivi sans trop poser de questions. J'ai traversé l'Europe. Je me suis arrêté en Andalousie. Malgré mon âge et ma dernière infirmité j'ai fait une folie : j'ai passé toute la journée dans le palais d'Al Hambra. J'ai flairé les choses. J'ai senti les parfums de la terre et de la pierre. J'ai caressé les murs et laissé ma main traîner sur le marbre. Je visitais donc pour la première fois Al Hambra les yeux éteints. A la fin de la journée, je me suis caché à l'intérieur du bain maure. Les gardiens n'ont rien vu. Ainsi je me suis fait enfermer dans le palais et les jardins. Le soir est arrivé vers neuf heures. C'était au mois de juillet. Il faisait doux. Je suis sorti de ma cachette comme un enfant. Quel bonheur ! Quelle joie ! Je tremblais un peu. Je marchais sans tâtonner. J'écoutais le murmure de l'eau. Je respirais profondément le jasmin, les roses et les citronniers. J'écoutais l'écho d'une musique andalouse jouée ici même il y a cinq siècles. Quand l'orchestre s'arrêtait de jouer, le muezzin appelait à la prière de sa voix nue et forte. Je pensais aux rois, aux princes, aux philosophes, aux savants, quittant ce royaume, abandonnant à la croix de l'infidèle le pays et ses secrets. Mes mains sur le marbre, c'était l'adieu au jour, la fin de la nostalgie, l'adieu à cette vieille mémoire. J'ai passé une nuit d'euphorie troublante. Je fus aimé par la lune. J'ai fondu ma nuit dans la douceur de celle qui couvrait Al Hambra. Je crois avoir retrouvé la vue un bref instant en cette nuit andalouse, nuit illuminant ma nuit, une solitude outragée, déplacée dans le temps, laissée derrière la muraille. Bien sûr, j'ai entendu des voix. C'était la fête. Des poètes récitaient des vers que je connaissais par cœur. Je les disais avec eux. Je marchais en suivant les voix. J'arrivais à la cour des Lions et là régnait un silence lourd d'un temps immobile. Je me suis assis par terre comme si quelqu'un m'avait sommé de m'arrêter là et de ne plus bouger. Je n'entendais plus les poètes. Je cherchais ma voix dans le souvenir de moi-même. Le premier souvenir de l'adolescent que je fus accompagnant son père déjà aveugle dans ces mêmes jardins. Soudain une voix de femme grave et moqueuse me parvint de l'extérieur. Je m'y attendais un peu. Ces lieux étaient habités. Elle articulait lentement les premières lettres de l'alphabet arabe : Aleph... Bà... ta... Jim... hâ... dal... Les lettres chantées résonnèrent dans la cour. Je suis resté là jusqu'à l'aube, sans bouger, l'oreille tendue, les mains cramponnées à la colonne de marbre. C'était une voix de femme dans un corps d'homme. Juste avant les premières lueurs du jour, deux mains fortes entourèrent mon cou. Elles essayèrent de m'étrangler. Je me débattis avec les dernières énergies ; ce sont les plus terribles. J'eus une puissance physique que je n'aurais jamais soupçonnée. Avec ma canne je donnai un coup au hasard. Sans desserrer ses mains l'homme poussa un cri de douleur. Je sentis que son corps s'était légèrement déplacé à gauche. Dans le même élan je me levai et assenai un grand coup à l'étrangleur.

Etait-ce un être humain, un ange du malheur, un fantôme, un oiseau condamné à mourir seul, était-ce un homme ou une femme ? Ai-je réellement vécu ce combat au corps à corps avec un homme voilé ou ai-je rêvé cet incident dans le rêve de la nuit andalouse ? Je sais que le matin j'étais exténué, j'avais mal au cou et à la nuque. Je sais que la nuit fut longue et chargée d'événements. Je sais que le lendemain j'étais changé. J'eus du mal à quitter Al Hambra. Le jeune homme qui m'accompagnait devait s'inquiéter. Il avait compris que je m'étais laissé enfermer. Il m'attendait tôt le matin à l'entrée principale. J'étais heureux malgré la fatigue et le manque de sommeil. A présent je sais que le corps qui s'était abattu sur moi la nuit portait une perruque épaisse et longue. Ce devait être la mort ou son compagnon. La mort qui me nargue s'approche de moi, puis s'éloigne avec la même méchanceté, la même insolence. Cette nuit devait être la dernière. J'aurais pu avoir une belle mort en cette nuit de Grenade. Mais je me suis défendu avec la rage d'un jeune homme. Je me sentais libre, délivré de cette attente lente et pénible. Depuis elle peut venir. Je connais son visage, je connais sa voix. Je connais ses mains. Je sais beaucoup de choses à son propos, mais comme le commun j'ignore l'heure et le jour de son arrivée. Depuis quelques années je ne cesse de marcher. Je marche avec lenteur, comme celui qui vient de si loin qu'il n'espère plus arriver…

Où suis-je en ce moment ? Je sens l'odeur forte de menthe fraîche, j'entends les voix des marchands de fruits, je sens les odeurs de cuisine, nous devons être tout près d'un petit restaurant populaire… parfums forts, mélangés à du pétrole brûlé, le tout est enivrant pour un vieil homme qui a marché longtemps. Suis-je l'objet d'une conjuration qui me ment et me trahit ? Dites-moi à présent si, vous qui tenez mon sort entre vos mains, on aurait découvert un corps ou un livre dans l'un des palais de Cordoue, de Tolède ou de Grenade ?

Ai-je rêvé la nuit andalouse ou l'ai-je vécue ? L'image d'un cheval fou lâché dans la cour d'une grande maison me poursuit depuis cette nuit à Grenade. Votre silence est une dure épreuve. Je suis si peu étranger à la terre de vos ancêtres et suis si proche de ce crépuscule qui avance et vous enveloppe. Tout fut accompli par une femme qui conçut le démesuré, l'impossible, l'impensable. Ce sont là les premières lueurs du Secret ; et, si j'en ai relevé le ridicule, c'est pour préserver les quelques moments de paix dont tout homme déjà enlacé par la mort a besoin.

Je pourrai moi aussi citer le diwân d'Almoqtâdir El Maghrebi qui vécut au XIIᵉ siècle, et, sans m'identifier au récitant, je rappellerai ce cuarteta :

« *Murieron otros, pero ello aconteció en el pasado,*
   Que es la estación (nadie lo ignora) mas propicia a la muerte
   ¿Es posible que yo, súbdito de Yaqub Almansur,
   Muera como tuvieron que morir las rosas y Aristóteles? »

« D'autres moururent, mais ceci arriva dans le passé
   Qui est la saison (personne ne l'ignore) la plus favorable à la mort
   Est-il possible que moi, sujet de Yaqoub al Mansour,
   Comme durent mourir Aristote et les roses, je meure à mon
   tour ? »

19

La porte des sables

Un homme aux yeux gris et petits presque fermés par la fatigue et le temps, la barbe roussie par le henné, la tête emmitouflée dans un turban bleu, assis à même le sol, étendu comme un animal blessé, regarde en direction de l'étranger qui vient de sombrer dans un profond sommeil, les yeux ouverts, simplement levés vers le plafond, ne cherchant rien, laissant passer les rêves, les miroirs, les sources d'eau, les mouches, les papillons et le jour.

Les hommes et les femmes ne bougent pas. Ils ont peur de réveiller brutalement l'étranger prisonnier d'un secret qui les intrigue et dont ils ne tiennent que des bribes. Ils méditent et attendent. La lumière de cette fin de journée déplace les choses, donne des ombres aux objets les plus simples, les anime de couleurs et de fastes brefs, passe sur les visages, s'arrête sur un regard, puis balaie la scène sans rien déranger. L'homme aux yeux gris essaie de se relever. Il a du mal à ramasser ses jambes, prend appui sur un tabouret et se traîne péniblement vers la sortie du café. Son burnous usé et sale l'enveloppe entièrement. On aperçoit à peine les traits de son visage qu'il essaie de cacher avec une partie de son turban. Il tient sous le bras un vieux cartable. Il s'approche de l'assistance immobile, s'arrête et s'assied sur une chaise qui grince. Un homme, d'un signe de la main, lui demande de ne pas faire de bruit, mais la chaise déglinguée grince. Il demande un verre d'eau. Un voisin lui offre le sien à moitié rempli. Le vieil homme sort de son cartable une pincée de poudre jaune, la dilue dans l'eau et l'avale en murmurant un appel à Dieu pour abréger ses douleurs et le guérir. Il pose le verre, remercie d'un geste de la tête son voisin, pose son cartable sur la table, l'ouvre et en sort un grand cahier usé. Sans prévenir, il lève le cahier en l'air et dit : « Tout est là... Dieu est témoin... »

L'assistance bouge, se détourne de l'étranger qui dort ; elle lui tourne le dos, elle l'abandonne à son sommeil blanc. « Tout est là... et vous le savez... », répète l'homme au turban bleu. Cette phrase dite plusieurs fois par une voix familière fonctionne comme une clé magique devant ouvrir des portes oubliées, ou condamnées. Désignant l'aveugle, il dit : « Nous serons un peu plus pauvres quand cet homme sera mort. Une infinité de choses — des histoires, des rêves et des pays — mourront avec lui. C'est pour cela que je suis là, je suis de nouveau avec vous, pour quelques heures, pour quelques jours. Les choses ont changé depuis la dernière fois. Certains sont partis, d'autres sont venus. Entre nous, la cendre et l'oubli. Entre vous et moi une longue absence, un désert où j'ai erré, une mosquée où j'ai vécu, une terrasse où j'ai lu et écrit, une tombe où j'ai dormi. J'ai mis du temps pour arriver jusqu'à cette ville dont je n'ai reconnu ni les lieux ni les hommes. J'étais parti, chassé de la grande place. J'ai marché longtemps dans les plaines et les siècles. Tout est là... Dieu est témoin... » Il s'arrête un moment, fixe le grand cahier, l'ouvre, tourne les pages : elles sont vides. En les examinant de près on constate qu'il y a encore des traces d'écriture, des bouts de phrases à l'encre pâle, des petits dessins anodins au crayon gris. Il poursuit : « Le livre est vide. Il a été dévasté. J'ai eu l'imprudence de le feuilleter une nuit de pleine lune. En l'éclairant, sa lumière a effacé les mots l'un après l'autre. Plus rien ne subsiste de ce que le temps a consigné dans ce livre..., il reste bien sûr des bribes..., quelques syllabes..., la lune s'est ainsi emparée de notre histoire. Que peut un conteur ruiné par la pleine lune qui le cambriole sans vergogne ? Condamné au silence, à la fuite et à l'errance, j'ai peu vécu. Je voulais oublier. Je n'ai pas réussi. J'ai rencontré des charlatans et des bandits. Je me suis égaré dans des tribus de nomades qui envahissaient les villes. J'ai connu la sécheresse, la mort du bétail, le désespoir des hommes de la plaine. J'ai arpenté le pays du nord au sud et du sud à l'infini. »

L'aveugle se réveille. Sa tête bouge. Les yeux ouverts ne se posent sur rien. Le regard est suspendu comme au premier jour de la cécité. Il se lève. Une chaise vide tombe. Elle fait un bruit désagréable. Un garçon se précipite et lui prend le bras. Ils sortent ensemble sur la grande place peu animée à cette heure-ci. Le vieil homme chuchote quelques mots à l'oreille du garçon, lequel s'arrête un instant, puis le dirige vers un cercle d'hommes et de femmes assis dans un café par terre sur des nattes. Ils sont autour d'une dame toute vêtue de blanc et qui parle lentement. On fait une place à l'aveugle qui s'assied, croisant les jambes. Toute son attention est concentrée sur la voix de la dame. Il passe ainsi d'une histoire dont il croyait avoir les clés à un conte dont il ne connaît ni le début ni le sens. Il est heureux de se trouver embarqué au milieu d'une phrase comme si son voyage dans la médina se poursuivait selon son désir avec la passion de perdre son chemin et de sombrer dans le labyrinthe qu'il avait dessiné dans sa bibliothèque de Buenos Aires. La dame n'arrête pas son récit : « ... au toucher, quant à la vue ! Ou alors cette épée n'était qu'une vision d'un prince possédé ! Et pourtant la lame brillait au soleil de la mi-journée, et les hommes lavaient les dalles où le sang s'était coagulé... »

L'aveugle acquiesce d'un mouvement de la tête.

De l'autre côté de la place, au café, l'homme au turban bleu continue son histoire :

« Si notre ville a sept portes c'est qu'elle a été aimée par sept saints. Mais cet amour est devenu une malédiction. Je le sais à présent depuis que j'ai osé raconter l'histoire et le destin de la huitième naissance. La mort est là, dehors, elle tourne comme la roue du hasard. Elle a un visage, des mains et une voix. Je la connais. Elle m'accompagne depuis longtemps. Je me suis familiarisé avec son cynisme. Elle ne me fait pas peur. Elle a emporté tous les personnages de mes contes. Elle m'a coupé les vivres. J'ai quitté cette place pas seulement parce qu'on nous a chassés mais aussi, en tout cas en ce qui me concerne, parce que la mort liquidait un à un mes héros. Je partais le soir, au milieu du récit, promettant la suite des aventures à mon assistance fidèle pour le lendemain. Quand je revenais, l'histoire était déjà achevée. La mort s'était, la nuit durant, acharnée sur les principaux personnages. Je me retrouvais ainsi avec des bouts d'histoire, empêché de vivre et de circuler. Mon imagination était ruinée. J'essayais de justifier ces disparitions brutales. Le public ne marchait pas. La mort dont j'entendais le rire et les sarcasmes au loin me ridiculisait. Je radotais. Je bégayais. Je n'étais plus un conteur, mais un charlatan, un pantin entre les doigts de la mort. Au début je ne comprenais pas ce qui m'arrivait. J'accusais ma mémoire usée par l'âge. Ce n'était même pas une question de stérilité, car j'étais en possession d'un stock important d'histoires. Il suffisait de commencer à les raconter pour qu'elles se vident de leur substance. Je passais des nuits blanches. Ce fut durant une de ces nuits que la mort m'apparut sous les traits d'un personnage, la huitième naissance, Ahmed ou Zahra, et qui m'a menacé de toutes les foudres du ciel. Il me reprochait d'avoir trahi le secret, d'avoir souillé par ma présence l'Empire du Secret, là où le Secret est profond et caché. J'étais habité par Es-ser El Mekhfi, le Secret suprême. Tellement enfoui qu'il me manipulait à mon insu. Quelle imprudence ! Quelle déraison ! Mon infortune avait déjà commencé. Mon malheur était immense. Je voyais la folie s'approcher. Je n'avais plus de visage à montrer au public. J'avais honte. La malédiction était jetée sur moi.

Ni vous ni moi ne saurons jamais la fin de l'histoire qui n'a pu franchir toutes les portes. J'ai dû me cacher. J'ai essayé de me convertir ailleurs, faire d'autres métiers. Ecrivain public. Je n'avais pas de client. Guérisseur, je n'avais aucun succès. Joueur de luth, les gens se bouchaient les oreilles. Rien ne marchait. Maudit. J'étais maudit et sans le moindre espoir. J'ai fait un pèlerinage à l'extrême sud du pays. Je suis arrivé après des mois de marche à pied et d'errance dans des villages étranges, qui, dans ma folie, devaient être des apparences, des corps vides, mis sur mon chemin par la mort qui se moquait de moi et me torturait. Je me souviens qu'un soir où j'étais fatigué je m'étais endormi sous un arbre dans un lieu désert où il n'y avait que des pierres et cet arbre. Quand je me suis réveillé le lendemain, je me suis trouvé dans un cimetière où il y avait une foule de gens en blanc qui enterraient dans une grande fosse des adolescents sans linceul, nus. J'étais horrifié. Je me suis approché de la fosse et j'ai cru voir le corps de mon fils. J'ai hurlé. Une main forte se posa sur ma bouche et étouffa mon cri. J'étais possédé et j'allais guidé par l'instinct. Il m'arrivait de marcher longtemps et de me retrouver ensuite par un hasard inexplicable à mon point de départ. Les personnages que je croyais inventer surgissaient sur ma route, m'interpellaient et me demandaient des comptes. J'étais pris au piège de mon propre délire. Des doigts me désignaient à la vindicte et m'accusaient de trahison. Ce fut ainsi que le père d'Ahmed me séquestra dans une vieille bâtisse et exigea de moi de retourner à la place raconter l'histoire autrement. C'était un homme aigri, brutal, probablement au seuil de l'Enfer. La mère était derrière lui dans une petite voiture d'infirme. Elle crachait sans cesse par terre. Ses yeux vitreux me fixaient et me faisaient peur. J'ai rencontré aussi, sur une piste, Fatima. Elle n'était plus malade. C'était un vendredi en plein jour. Elle m'arrêta et me dit : « Je suis Fatima. Je suis guérie. » Elle m'apparut chargée de fleurs, heureuse comme celle qui venait de prendre sa revanche sur le destin. Elle souriait légèrement. Sa robe blanche — un peu linceul, un peu robe de mariée — était presque intacte ; juste un peu de terre retenue dans les plis. Elle me dit sur un ton serein : « Tu me reconnais à présent ? Je suis celle que tu as choisie pour être la victime de ton personnage. Tu t'es vite débarrassé de moi. A présent je reviens visiter les lieux et observer les choses que je voulais éternelles. Je vois, le pays n'a pas changé. Et toi, tu es perdu. Tu as égaré ton histoire et ta raison. La terre est sèche, surtout dans le Sud. Je ne connaissais pas le Sud. Je reviens sur les pas de ton histoire. Je compte les morts et j'attends les survivants. Tu ne peux rien contre moi. J'appartiens à cette éternité dont tu parles sans la connaître. Le pays n'a pas changé, ou plutôt je vois que l'état des choses s'est aggravé. C'est curieux ! Les gens passent leur vie à encaisser les coups ; on les humilie quotidiennement ; ils ne bronchent pas, et puis un jour ils sortent dans les rues et cassent tout. L'armée intervient et tire sur la foule pour rétablir l'ordre. Le silence et la tête sous le bras. On creuse une grande fosse et on y jette les corps. Ça devient chronique. Quand j'étais malade, je ne voyais pas ce qui se passait autour de moi. Je me débattais avec mes crises et j'attendais la délivrance. Maintenant j'entends tout, surtout les cris d'enfants et les coups de feu. C'est bête de mourir d'une balle perdue quand on n'a même pas vingt ans. Je les vois arriver complètement éberlués. Pauvres gosses !... »

Elle s'arrêta un instant, sortit d'une poche cachée par les fleurs des dattes et me les offrit : « Tiens, mange ces dattes, elles sont bonnes. N'aie pas peur, ce ne sont pas celles qu'on dépose sur le visage du mort à la place des yeux. Non, ce sont des dattes que j'ai cueillies ce matin..., mange-les, tu verras plus clair !... »

En effet, après les avoir toutes avalées, j'ai vu clair, tellement clair que je n'ai plus rien vu. J'étais ébloui par une très forte lumière et je ne voyais que des ombres taillées dans une clarté blanche. Bien sûr, il n'y avait plus personne autour de moi. Fatima avait disparu. Je me frottais les yeux. J'avais mal à force de les frotter. J'étais complètement possédé par cette histoire et ses gens. Vous savez, sans être superstitieux, il ne faut pas plaisanter avec ces choses-là ! Les histoires qu'on raconte sont comme des lieux. Elles sont habitées par ceux à qui elles ont appartenu dans les temps lointains, pas forcément ce qu'on appelle des esprits. Une histoire, c'est comme une maison, une vieille maison, avec des niveaux, des étages, des chambres, des couloirs, des portes et fenêtres, des greniers, des caves ou des grottes, des espaces inutiles. Les murs en sont la mémoire. Grattez un peu une pierre, tendez l'oreille et vous entendrez bien des choses ! Le temps ramasse ce que porte le jour et ce que disperse la nuit. Il garde et retient. Le témoin, c'est la pierre. L'état de la pierre. Chaque pierre est une page écrite, lue et raturée. Tout se tient dans les grains de la terre. Une histoire. Une maison. Un livre. Un désert. Une errance. Le repentir et le pardon. Saviez-vous que pardonner, c'est cacher ? Je n'ai ni gloire ni splendeur qui me transporteraient jusqu'aux cieux. J'ai oublié les cinq prières. Je pensais que la source où je puisais mes histoires ne serait jamais tarie. Comme l'océan. Comme les nuages qui se suivent, changent mais donnent toujours la pluie. Je cherche le pardon. Qui oserait m'accorder cet oubli ? On m'a dit qu'un poète anonyme devenu saint des sables qui enveloppent et dissimulent pourrait m'aider. Je suis parti. Je me suis dépouillé de tout et j'ai suivi la caravane à pied. J'ai tout abandonné. Je me suis vêtu de laine et j'ai pris le chemin du Sud sans me retourner. Je n'avais plus de famille, plus de métier, plus d'attaches. Avant, je vivais sans me soucier du lendemain. J'avais mon cercle réservé dans la grande place. J'avais une assistance fidèle et attentionnée. Mes histoires me faisaient vivre. Je dormais en paix. Je fouillais dans les manuscrits anciens. Je piquais dans les histoires des autres, jusqu'au jour où une pauvre femme d'Alexandrie vint me voir. Elle était mince et brune, son regard se posait avec précision sur les choses. De tous les conteurs de la place, dont elle avait suivi les récits, ce fut moi qu'elle choisit. Elle me le dit d'emblée : « Je les ai tous écoutés, seul vous seriez capable de raconter l'histoire de mon oncle qui était en fait ma tante ! J'ai besoin d'être délivrée du poids de cette énigme. C'est un secret qui a pesé longtemps sur notre famille. On a découvert la véritable identité de mon oncle le jour de sa mort. Depuis nous vivons un cauchemar. J'ai pensé qu'en rendant publique cette histoire on en ferait une légende, et, comme chacun sait, les mythes et les légendes sont plus supportables que la stricte réalité. »

Elle me conta en détail l'histoire de Bey Ahmed. Cela prit deux jours. Je l'écoutais tout en pensant à ce que je pourrais faire de toutes ces données, et comment les adapter à notre pays. Après tout il y a peu de différence entre nos deux sociétés arabes et musulmanes, féodales et traditionnelles. Je lui ai demandé pourquoi son choix s'est arrêté sur moi. Elle me dit, peut-être pour me flatter, que j'avais plus d'imagination que les autres, puis elle ajouta : « A présent cette histoire est en vous. Elle va occuper vos jours et vos nuits. Elle creusera son lit dans votre corps et votre esprit. Vous ne pourrez plus lui échapper. C'est une histoire qui vient de loin. Elle a vécu dans l'intimité de la mort. Depuis que je l'ai racontée, je me sens mieux, je me sens plus légère et plus jeune. Je vous laisse un trésor et un puits profond. Attention, il ne faut pas les confondre, il en va de votre raison ! Soyez digne du secret et de ses blessures. Transmettez le récit en le faisant passer par les sept jardins de l'âme. Adieu mon ami, mon complice ! »

Avant de me quitter elle me remit un grand cahier de plus de deux cents pages où étaient consignés le journal et les pensées de Bey Ahmed. Je l'ai lu et relu. J'étais à chaque fois bouleversé et je ne savais que faire de cette histoire. Je me suis mis alors à la raconter. Plus j'avançais, plus je m'enfonçais dans le puits…, mes personnages me quittaient…, j'étais réduit à faire des constats, jusqu'au jour, où, profitant du nettoyage de la place, je pris la route du Sud. Lorsque le livre fut vidé de ses écritures par la pleine lune, j'eus peur au début, mais ce fut là les premiers signes de ma délivrance. J'ai moi aussi tout oublié. Si quelqu'un parmi vous tient à connaître la suite de cette histoire, il devra interroger la lune quand elle sera entièrement pleine. Moi, je dépose là devant vous le livre, l'encrier et les porte-plume. Je m'en vais lire le Coran sur la tombe des morts !

Décembre 1982 - février 1985.

Table

Harrouda

roman
Denoël, « Les lettres nouvelles », 1973
« Relire », 1977
« Médianes », 1982

La Réclusion solitaire

roman
Denoël, « Les lettres nouvelles », 1976
Seuil, « Points », n° P 161

Les amandiers sont morts de leurs blessures

poèmes
prix de l'Amitié franco-arabe, 1976
Maspero, « Voix », 1976
Seuil, « Points », n° P 543

La Mémoire future

Anthologie de la nouvelle poésie du Maroc
Maspero, « Voix », 1976 (épuisé)

La Plus Haute des solitudes

essai
Seuil, « Combats », 1977
et « Points », n° P 377

Moha le fou, Moha le sage

roman
prix des Bibliothécaires de France
et de Radio Monte-Carlo, 1979
Seuil, 1978
et « Points », n° P 358

À l'insu du souvenir

poèmes
Maspero, « Voix », 1980

La Prière de l'absent
roman
Seuil, 1981
et « Points », n° P 376

L'Écrivain public
récit
Seuil, 1983
et « Points », n° P 428

Hospitalité française
Seuil, « L'histoire immédiate », 1984 et 1997 (nouvelle édition)
et « Points Actuels », n° A 65

La Fiancée de l'eau
théâtre, suivi de
Entretiens avec M. Saïd Hammadi, ouvrier algérien
Actes Sud, 1984

La Nuit sacrée
roman
prix Goncourt
Seuil, 1987
et « Points », n° P 113

Jour de silence à Tanger
récit
Seuil, 1990
et « Points », n° P 160

Les Yeux baissés
roman
Seuil, 1991
et « Points », n° P 359

Alberto Giacometti
Flohic, 1991

La Remontée des cendres
suivi de
Non identifiés
poèmes
Édition bilingue,
version arabe de Kadhim Jihad,
Seuil, 1991
et « Points », n° P 544

L'Ange aveugle
nouvelles
Seuil, 1992
et « Points », n° P 64

L'Homme rompu
roman
Seuil, 1994
et « Points », n° P 116

La Soudure fraternelle
Arléa, 1994

Poésie complète
Seuil, 1995

Le premier amour est toujours le dernier
nouvelles
Seuil, 1995
et « Points », n° P 278

Les Raisins de la galère
roman
Fayard, « Libres », 1996

La Nuit de l'erreur
Seuil, 1997
et « Points », n° P 541

Le Racisme expliqué à ma fille
document
Seuil, 1998
nouvelle édition, 1999

L'Auberge des pauvres
Seuil, 1999
et « Points », n° P 746

Le Labyrinthe des sentiments
Stock, 1999
Seuil, « Points », n° P 822

Cette aveuglante absence de lumière
Seuil, 2001

GROUPE CPI

Achevé d'imprimer en juin 2001 par
BUSSIÈRE CAMEDAN IMPRIMERIES
à Saint-Amand-Montrond (Cher)
N° d'édition : 23818-6. - N° d'impression : 012892/1.
Dépôt légal : février 1995.
Imprimé en France

Collection Points